Alibaba Group
阿里巴巴集团

互联网+B2B出口实战

跨境商点

做跨境电商就是这么简单

阿里巴巴（中国）网络技术有限公司◎著

中国海关出版社
China customs Press

图书在版编目（CIP）数据

做跨境电商　就是这么简单/阿里巴巴（中国）网络技术有限公司著.
—北京：中国海关出版社，2015. 10
ISBN　978-7-5175-0086-5

Ⅰ. ①做…　Ⅱ. ①阿…　Ⅲ. ①电子商务　Ⅳ. ①F713. 36

中国版本图书馆 CIP 数据核字（2015）第 201640 号

做跨境电商　就是这么简单

ZUO KUAJING DIANSHANG　JIUSHI ZHEME JIANDAN

作　　者：阿里巴巴（中国）网络技术有限公司
策划编辑：史　娜
责任编辑：史　娜
出版发行：中国海关出版社
社　　址：北京市朝阳区东四环南路甲 1 号　　邮政编码：100023
网　　址：www. hgcbs. com. cn；www. hgbookvip. com
编 辑 部：01065194242-7535（电话）　　01065194231（传真）
发 行 部：01065194221/4238/4246（电话）　　01065194233（传真）
社办书店：01065195616（电话）　　01065195127（传真）
http://store. hgbookvip. com（网址）
印　　刷：北京铭成印刷有限公司　　经　　销：新华书店
开　　本：710mm×1000mm　1/16
印　　张：13. 75　　字　　数：180 千字
版　　次：2015 年 10 月第 1 版
印　　次：2016 年 1 月第 2 次印刷
书　　号：ISBN　978-7-5175-0086-5
定　　价：45. 00 元

做跨境电商就是这么简单

本书编委会

主　　编　吴敏芝　王　帅

编　　委　魏　强　付必鹏　余　涌　李多全　马振亮

策划/执行　全悦敏　窦　伟

编　　者　（按拼音排序）

陈　杰　李春芽　石　磊　吴嘉阳　徐　钧

章慧辉

序

近两年来，跨境电商越来越成为热点。总体来看，传统出口贸易不断线上化、交易化，越来越多的外贸企业从网上获得商机。同时，围绕跨境电商的各类服务不断发展，出现了外贸综合服务的新业态，跨境进口与零售也成为新的增长点。未来，跨境电商在整个贸易中的比重有望进一步上升，增速也将继续超过线下贸易。随着互联网技术的进步，贸易需求的小单化及中国制造的升级，跨境贸易的电商化趋势将继续发展。

互联网的本质价值在于数据，10 多年来外贸电商只有信息展示而没有数据沉淀，因此外贸企业并未真正享受互联网变革的红利。阿里巴巴从 1999 年初创时开始，就在外贸领域开展电商业务。十几年来，阿里巴巴逐步建立了全球最大的跨境 B2B 市场平台——Alibaba. com，为中国乃至海外供应商和采购商提供 Meet 和 Work 的场所，始终帮助中小企业走出去，让它们掌握国际贸易定价权。2014 年以来，阿里巴巴通过一达通实现了出口交易闭环，有了数据沉淀。此时，外贸才真正与互联网深度融合。

由于传统贸易优势下降，外贸增速有所下滑，跨境电商对于稳定外贸也愈发重要。一是跨境电商中的 B2B 模式仍然是发展主流，特别是 B2B 相关的外贸综合服务，为中小企业提供通关、结汇、退税的一条龙在线服务，还提供金融、物流等增值服务，在当前中国制造丧失成本红利的形势下不断提升企业的服务竞争力。外贸综合服务也推动实现监管的“单一窗口”便利化，为中小企业“减负”。二是跨境B2B从信息走向交易，实现跨境贸易的真正互联网化。平台能基于在线交易产生的数据沉淀出全球中小企业数据库，让买卖家留在中国外贸的生态圈。尽管要实现一般贸易项下的交易在线化是非常艰难的一件事情，但阿里巴巴始终在不断探索，为交易提供信用保障——“保”的是买家权益，也为卖家的“信”背书。

近期，阿里巴巴广泛拓展了合作生态圈，更好地赋能于中小企业。我们与国际互联网金融企业合作，让美国数百万在中国寻找货源的中小企业能借到款。我们为中国中小企业提供国际展会O2O服务，让线下展会和面对面互动与线上的数据化服务相结合。我们与银行、知名物流企业广泛合作，加强外贸综合服务的附加价值。我们打造生态合作模式，开展与高校合作培养跨境电商人才的“百万英才”项目，并启动“一拍档”项目，邀请更多外贸服务公司一起参与阿里跨境贸易服务工作。我们创新政企合作模式，通过与中国（杭州）跨境电子商务综合试验区的合作，推动上千家传统企业完成出口交易和“互联网+外贸”转型。

尽管国内零售电商的发展如火如荼，但大量中小企业始终未完成真正的互联网化和主要贸易活动的数据沉淀。我们有信心认为，跨境电商时代已经到来，阿里巴巴根据自身使命应该让外贸中小企业从跨境贸易中实现真正的、全面的互联网化，以及全球范围的数据沉淀。从这两点出发，我们编写了这两本图书，《挡不住的跨境电商时代》让读者感知跨境电商的概念、模式和未来互联网化趋势，《做跨境电商 就是这么简单》则通过阿里巴巴国际站的相关业务来介绍电商实际操作，让读者体验基于数据的贸易。

过去20年的全球化使得越来越多的大企业成为跨国公司，而未来

20 年将是中小企业实现全球化的关键时期。相信这两本书的读者能够认同，互联网和数据技术的发展必将建立新的全球贸易基础设施和标准，为中小企业提供丰富多彩、公平贸易的新机遇，商品流通也终将惠及全球范围内的数十亿人。

阿里巴巴集团资深副总裁　吴敏芝
B2B 事业群总裁
2015 年 9 月

前 言

这是一本很幽默的书。

本书绝对不枯燥！全书的内容通过一个外贸菜鸟和一个“外贸+跨境电商老鸟”之间的一问一答的对话形式展开。菜鸟的问仿佛恰好是为读者而问，而老鸟的答，既幽默、坦诚、衷肯，又充满对新一辈的关心关爱。既是知识的传播，又是商业道德和价值观的传播。

谁比较适合读这本书呢?

传统国际贸易的从业者、跨境电商的从业者、高职院校相关专业的学生、跨境电商领域的产品经理等，适合阅读本书。相信书中鲜活、前沿的内容一定能让读者获益。

这本书实操性很强。

跨境电商实际是电子化的国际贸易，电子化的互联网是手段，而跨境贸易才是本质。

本书紧密结合国际贸易和跨境电商，厘清两者的异同，帮助传统的外贸人更好地向跨境电商转型，也帮助跨境电商从业者更好地借鉴传统外贸的成功经验。

第 1 章是“出口业务小常识”。初步解释了跨境电商的含义，重点介绍了国际贸易的两大核心要素“价格条款”和“付款方式”，借此强调了跨境电商，尤其是跨境 B2B 的国际贸易属性，是传统外贸人与跨境电商从业者最重要的融合点。

第 2 章是“跨境电商的趋势”。着重介绍了最近几年跨境电商在国内外的发展形势，你将看到无论是传统大国还是新兴市场国家其国内电商或者跨境电商领域都在迅速地发展。一串串数据一定让你心潮澎湃。然后你将看到：如何选择合适的电商平台、如何在阿里巴巴上开立电商平台等内容，这是作为引入到阿里巴巴平台操作的重要引子。

很期望读者也能随着书本从历史折射到现实的角度，看待跨境电商的崛起和发展，并能敏锐地体会到国际贸易终将被互联网改造的大趋势；希望借此，告诉传统的外贸人高度重视并尽早投入跨境电商，抓住变革的初期发展机遇。

第 3~8 章，是本书实操内容的重点章节。以阿里巴巴国际站为跨境电商平台的范本，介绍到目前为止，跨境电商平台是如何操作的。内容涉及：产品的发布与展示，利用站内 SEO 或者付费渠道引入流量，利用询盘渠道、采购直达渠道和在线批发渠道走向交易，利用外贸综合服务（一达通平台）实现在线下单和代理出口服务完成 B2B 业务。

除了上述这些内容，我们特别希望读者能感受到，“跨境电商平台”作为跨境贸易大环境的一部分，其互联网产品的的独特方式正努力地、一点一点地模拟和优化着国际贸易，以及一步一步坚定地改变着国际贸易的方法。

这本书很前沿， 直言跨境电商本身的迭代变化。

本书希望传达一个理念，作为互联网产品，跨境电商是个新东西，它正在快速地变化中。

本书中所谈到的“询盘”内容是与询盘相关联的互联网产品。在本书成书过程中，它本身还做了 1.5 次的改版；类似于“国际招标”，“采购直达”业务是阿里巴巴独创的一种国际贸易的洽谈模式，它实实在在地给了众多供应商和买家达成交易的机会；“在线批发”是阿里巴巴对 B2B 市场的尝试，而 5 年前对此的探索成就了 aliexpress. com；外贸综合服务平台（一达通），是阿里巴巴探索从“在线黄页”模式向“在线交易”模式转型的最重要载体，它本身也在通过和用户的碰撞中不断地改进；“信保”业务是阿里巴巴非常新的产品，从2014年3月开始酝酿，11月走向市场，距今还不到1岁，但它是阿里巴巴试图解决跨境电商中买卖双方相互不信任和交易安全的重要利器，其本身也在锤炼中不断发展。

所以，这是在跨境电商领域里非常前沿的一本书。

一起拥抱互联网。

航海技术让国际贸易摆脱了骆驼，电报电话技术让国际贸易摆脱了钱与货难分离的羁绊。这次轮到互联网技术了！它究竟能让国际贸易摆脱什么，能使它发展成什么样子，一下子真的说不清楚，但是有一点很明确：朝着让人们更自由的方向发展！

伴随着互联网技术的渗透，跨境电商方兴未艾，我们都是这个历史的抒写者、见证者！让我们一起感谢这个时代，拥抱互联网，投身跨境电商吧！

作　者

2015年9月

目录

1 从跨境贸易到跨境电商：你准备好了吗？

2 为什么选择在阿里巴巴开店？

3 网上贸易之玩转询盘

4 网上贸易之突破采购直达

5 网上贸易之引爆在线批发

6 网上贸易之出击在线营销

1 从跨境贸易到跨境电商：你准备好了吗？

正如电报技术划时代地改变和促成了现代国际贸易的模式一样，互联网技术也正在扮演这样的角色，而且将国际贸易改变得更全面、更彻底、更持久。这种不可逆转的改变，会让纯粹的互联网人感到既兴奋又困惑，会让原来的国际贸易人深感不安，会让全新的跨境电商从业者感到迷茫。

本章将帮助读者了解国际贸易的一些点滴历史片段，以及跨境电商的发展趋势，帮助读者在变化中把握主线，主动抓住变化的方向和机遇。文章将通过一些场景化的小故事，用比较通俗的语言，探讨在人性层面中传统国际贸易和跨境电商的相通之处，并揭示跨境电商的本质特点。

无论跨境电商会发展成什么样子，我们都非常幸运，因为我们正在经历和创造着国际贸易巨变的历史。

【引子】

人物1：小钧（陈述者），国际贸易专业毕业，最近被一家外贸公司录用。

人物2：Alan哥，外贸公司骨灰级人物，跨境电商理论研究者，小钧的师傅。

大学毕业不久，就能被国内知名的外贸公司录用，我感到非常的幸运。国际贸易专业科班出身的我，在校期间就对跨境电商非常感兴趣。一直盼望着以后能够从事这方面的工作，因为它对我有足够的挑战性。

今天，第一天上班，得知公司的大咖Alan哥将是领我走进跨境电商领域的师傅时，高兴坏了。见到Alan哥，简单寒暄后，他就交给我一些有关跨境电商的资料，让我回去好好结合他今天准备讲给我的有关内容作一个辅助学习。我想，今天趁着Alan哥不忙，一定要把想了解的内容都向他一一请教，这样的好机会，可不能轻易放过。

我：Alan哥，以后我就叫你师傅了，这样显得亲切。我毕业不久，跨境贸易、跨境电商这些名词对我来讲都有点陌生，能不能先给我扫扫盲啊？

Alan哥：当然可以啦！我把我所理解的和你分享一下，咱边做边学吧。

目前学术界主流的解释是这样说的："跨境电商是指，分属不同国界或地区的交易主体，通过互联网平台进行交易和支付结算，并通过跨境物流送达商品、完成交易的一种国际商业活动，其被社会普遍认为是一种以电子数据交换和网上交易为主要内容的商业模式。"

如果用大白话可以这样说：跨境电商就是电子化、互联网化的跨国商品交易，包括展示、磋商、支付、物流等各环节。

当前主流的跨境电商模式有B2B（Business to Business）、B2C（Business to Customer）和C2C（Customer to Customer）3种。

我：这样啊！那亚马逊（Amazon. com）也是跨境电商网站？

Alan哥：你说的对！不光是亚马逊，还有eBay（ebay. com）也是的。这 2 个网站的共同特点是：都是 B2C，也就是商家（Business）面向消费者（Customer），他们都实现了跨境的交易和货品交付。差别是，亚马逊有自营，也有第三方；从自营角度看，属于 B2C，而从第三方角度看，既有 B2C，也有 C2C。而 eBay 则是第三方，目前来看仅有 C2C。国内比较知名的同类网站有阿里巴巴速卖通（aliexpress. com）、敦煌网（dhgate. com），也都实现了跨境交易和交付。而且他们也是混业经营，到目前为止，不管是商家还是个人都可以在这两个平台经营。

另外，B2B 也就是企业（商家）之间做生意的平台。国内比较知名的有阿里巴巴（alibaba. com）、中国制造网（made-in-china. com）、环球资源网（globalsources. com）。这 3 个平台都是以“信息类”网站开始的，本质是模拟了“黄页”功能。历经 15 年后，在 2014 年，阿里巴巴开始向交易转型，并在 2015 年 3 月推出“信用保障”（Trade Assurance）功能，率先实现了 B2B 平台的交易环节。我们是企业，因此，B2C 和 B2B 对我们来讲都有用，它们都是跨境电商。

这些是我的理解。现在电子商务发展比较快，因此很多概念层出不穷。但我们只要理解其本质就行了。

1.1 出口业务小常识

1.1.1 价格条款

我：原来是这样的。那么，既然本质没有变，传统的国际贸易里面的基本知识也应该没有变吧？师傅能不能把这些基本知识也给我科普一下呢？

Alan 哥：小钧，你挺灵光的。按照我前面的理解，这些基本知识是没有变化。那我给你科普科普吧。

我：谢谢师傅。

Alan 哥：嘿嘿，不要客气啦。回头请喝咖啡就行啦，哈哈！咱们言归正传吧。

这些基本知识是国际贸易的实操知识，源于几百年里国际贸易前辈们的实践总结。它解决了国际贸易中不同人认识不一致、表达不一致所带来的问题，大大提高了效率、减少了误解，它的作用可不得了。所以，小钧你一定要好好学哦！

我想从操作一个订单的层面，并且按照时间逻辑来和你探讨这些基本知识。首先我们来看“价格条款”。它解决的问题是卖家向买家明确价格成本的基本构成和责任义务转移的条件。

比如，卖方向买方报价时，价格条件写成“FOB Qingdao USD15.19/set”，基本意思是：青岛港交货，每套价格是15.19美元。

看似很简单，但其内涵相当丰富。它起码表达了两层意思：一是在交货地点为启运港青岛港交货的情况下，买家要支付的成本为每套15.19美元。从卖家的角度来看，为了要在青岛港交付货物给买家，卖方承担了产品的基本成本、运到港口的内陆运费、清关费等基本成本，外加预期利润总和达到15.19美元。之后的成本或费用都由买家出了，比如主运费、保险费、进口清关费等。二是明确了卖方保障货物安全的责任在港口交货后就结束了。此前所发生的安全责任由卖方承担，而此后发生的安全责任都转移给了买方。

再比如，卖方向买方报价时，价格条件写成“CFR Sydney USD 15.19/set”，基本意思是：悉尼港交货，每套价格是15.19美元。

它的内涵是：交货地点是卸货港悉尼港的情况下，买家要支付的成本为每套15.19美元。从供应商的角度看，为了把货物送到客户的收货港悉尼，卖家承担了产品成本、国内内陆运费、出口清关费之外，还承担了主运费（海运运费）。之后的成本或费用都由买家出了，比如保险费、进口清关费等。

上面说的这两个是用得非常多的两个价格条款。其他还有很多，这就需要你自己下工夫总结了。

我：你把买家采用某种价格条款背后可能的原因讲得特别到位。我甚至能想象到一个买家正在动什么样的脑筋，好有场景感呀，谢谢师傅。

Alan 哥：哈哈，小钧，你这马屁拍得挺舒服的。

1.1.2 支付方式：T/T 付款方式

我：那接下来，你会讲什么呢？

Alan 哥：我准备给你讲“支付方式”。听着高大上的词，用通俗的话来说就是，买家用什么办法把钱给到卖家。就为了这件事，国际贸易的买卖双方是斗争了几百年才弄出了几个解决方法。因为谁都知道，通常情况下，谁先拿钱出来谁就先陷入被动的局面。

我：不是买家给钱吗？按你说的，好像卖家也要出钱？

Alan 哥：那当然了！你想啊，如果买家没给一分钱，供应商是不是得先掏钱生产货物啊。问题是，万一买家那边出了问题说不要货了，那供应商岂不是血本无归啦！

我：对哦！你说的对，看来国际贸易确实有点凶险，那怎么办呢？

Alan 哥：也没啥，“支付方式”实际上就是买卖双方长期磨合后用于解决“风险平衡”的。现代国际贸易的支付方式有电汇、托收及信用证等。

为了让你更透彻了解“支付方式”的概念，我先给你讲一下历史。国际贸易其实早就有了，丝绸之路就是其中最有名的一段历史。当时的支付方式就是一手交钱一手交货，钱与货的交换主人几乎是同一个时间和同一个场景下发生的。问题是，无论是买家还是卖家，身上带着大量现金是不安全的。即便是后来产生了票据（比如，中国清朝后期广泛应用银票），也只是携带方便，这并不能解决盗、抢等安全问题。但后来这个问题被电报技术解决了。

让我们假想回到 150 年前的欧洲，当时欧洲已经出现银行和异地分支机构。设想一个场景，英国买家 Lucus 请 B 银行的伦敦分行利用电报通知 B 银行在法国里昂的分行，付款给在里昂的卖家 Frank 1000 英镑。里昂分行把电报单据交给 Frank 以证明 Lucus 已经付钱。这个付款过程就叫“电传汇款”，简称“电汇”，英文称为“T/T”（Telegraphic Transfer）。钱从银行体系走，不必由商人带着，这样就彻底解决了人必须带现金或者现金代表物的交易方式。这确实是划时代的产物，买家用发电报的方式通知卖家钱已经付给卖家了。电汇付款流程如图1-1所示。

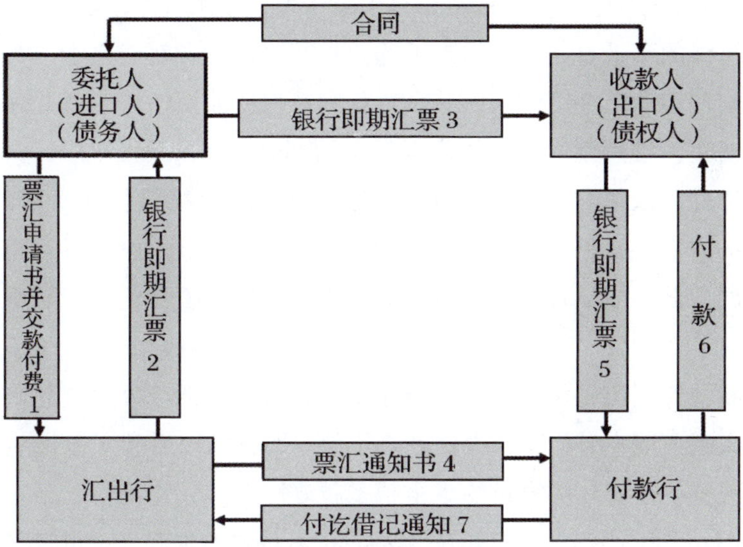

图 1-1　电汇付款流程图

我：那买家在什么条件下汇款给卖家呢？万一卖家收了钱不发货，那买家不是遭殃了吗？

Alan 哥：小钧，这个问题问得很好！这实际上涉及 T/T 付款的一种方式，即“前 T/T”，还是“后 T/T”。

国际贸易中，T/T 付款方式下，基本有两种模式。

双方约定在卖家还未交货，还没能获得“提单”前，买家就电汇所有货款的做法，被称为“前 T/T”。双方约定在卖家交货给船公司后，拿到“提单”，并提交“提单复印件”给买家的条件下，买家再付全部货款的做法，被称为“后 T/T”。

两者的区别关键点是“是否已出提单”。你知道，提单是货物所有权的凭据。船公司出具了提单，就能证明卖家履行了交货义务。

Alan 哥：小钧，上面的付款方式你看出什么风险点没？

我：我说错了你可别笑话啊！这个方案中，卖家先掏钱组织或者生产货物。如果卖家生产好了，买家却不要货了，那卖家的风险巨大啊！这样的方案，卖家和买家的风险很不对称！

Alan 哥：说得对！你果然有生意头脑！实际上，生意人都很精明的，这样的不平等条约自然走不远。T/T 方式后来就变化了，买家先支付一定比例的定金给卖家，其余货款则再根据前面的方案来处理。通常的做法是：买家先付 30% 为定金，余额部分则在出具提单后，买家以提单复印件为依据，在约定的时间内用汇款方式直接付款到卖家的账户。这样的方案，就是前 T/T 与后 T/T 的组合，比较好地解决了风险平衡的问题。所以，以 T/T 为基本付款方式的贸易占国际贸易交易量的绝大多数。

我：让买家先付定金，既能让我们有资金先把订单运作起来，也能牵制买家不能变卦，这个办法还真不错！那我们以后和买家做生意都用这种方式，还要让买家付的定金越多越好。

Alan 哥：小钧，这个想法很好的。但是要实现起来，可是需要条件的。至于要什么条件，我先卖个关子，到后面再和你说。

我：师傅卖个关子是不是让我自己多思考思考啊？

Alan 哥：你说对了。我建议你能从买卖双方博弈的角度来思考。

叮当提醒

从卖家的风险角度看，前 T/T 或者再带定金的，对卖家的风险较小；越是后 T/T，则对卖家的风险越大。所以，通常来讲，对供应商有利的，一般都是对买家不利的。

买卖双方采用前 T/T 或者后 T/T，以及定金的比例有多少，实际上是双方的博弈地位决定的。如果卖家的竞争优势明显，很难被其他卖家取代，那买家通常倾向前 T/T，并且给予更多比例的定金。

1.1.3　支付方式：托收（Collection）

Alan 哥：接下来，我给你讲讲“托收”的付款方式。

我们依然用前面的英国伦敦的买家 Lucus 和法国里昂的卖家 Frank 来做案例吧。话说，Lucus 向 Frank 采购了一批红酒，价值 10000 英镑。Frank 签发了一张汇票，写明了金额 10000 英镑和 Lucus 是付款人的信息。然后连同提单，委托当地的 B 银行里昂分行通过 B 银行伦敦分行向 Lucus 收取 10000 英镑。这里的关键词是“委托”和“代收”。

这个方式下有 4 个当事人：Frank 是委托人，也叫出票人；Lucus 就是付款人；B 银行里昂分行是托收行，也叫寄单行；B 银行伦敦分行是代收行。托收支付的流程如图 1-2 所示。

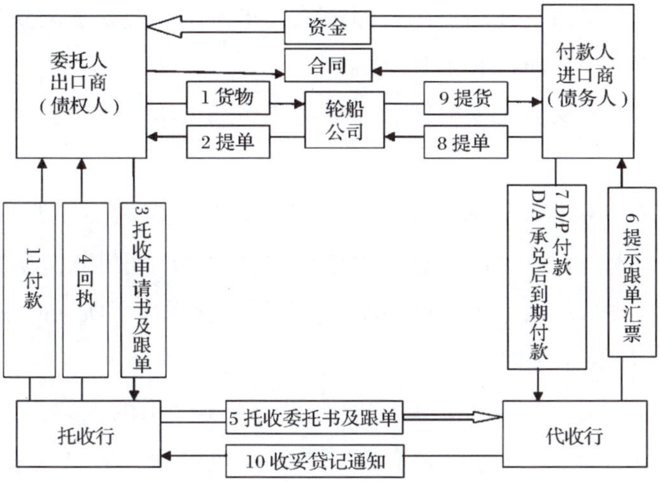

图 1-2　托收支付流程图

Alan 哥：小钧，发现这个托收方式和 T/T 方式有什么不同？

我：我看大概有两点不同：

一是多了一个汇票，T/T 方式下没有的。二是好像卖家去讨钱似的，只不过请银行代理讨钱罢了。而 T/T 方式下，该买家付，买家就付款了。

Alan 哥：你总结得很到位。汇票的作用是卖家向买家索要货款的凭据之一，在这里起到“支付工具”的作用。而你讲的所谓讨钱的模式，其实表明这个方式是“逆汇”，就是汇票和款项的流动方向相反。至于为什么会出现这样的“逆汇”，估计是卖家出于尽快收款的需求，提醒买家早付款，也是银行竞争使得服务升级吧。

我： T/T 有分前与后，那托收是不是也这样分呢？

Alan 哥： 托收也有分类，但和 T/T 还是有区别的。

托收与 T/T 区别的核心要素就是汇票和逆汇模式，最常见的是“跟单托收”。如果 Frank 把“汇票连同商业单据”一起提交给托收行，这就叫跟单托收。国际贸易中的托收大部分是这种形式的。

如果 Frank 只提交了汇票，却没有附带货运票据（提单），只附带了“非货运单据”（发票、垫付清单等），叫“光票托收”。这个方式主要用在货款的尾数、样品费用、佣金、代垫费用、贸易从属费用、索赔及非贸易的款项，所以它不是主流。

我： 既然卖家向买家要钱，那么买家是马上给，还是过些日子再给呢？

Alan 哥： 你说的问题恰恰就是“托收的付款时间的分类”。

按照买家的付款时间来分，跟单托收分为“即期付款交单”（Document Against Payment at Sight）和“远期付款交单”（Documents Against Payment of Usance Bill）。

即期付款交单，俗称“D/P”。如果 Frank 开出的汇票是即期汇票，Lucus 见到汇票后，只有付完货款，拿到商业单据（核心是提单），才能去提货。在整个托收方式的体系中，“D/P”方案在保护卖家的钱与货的安全方面最有效。

远期付款交单：如果 Frank 开了出远期汇票，在汇票到期日，Lucus 向伦敦分行承兑（付款）了这张远期汇票，并获得商业单据，再去提货。这个方案尽管在实质上也是买家给钱向银行买单据，但夜长梦多，买家不付款的风险也随之增大。

上面两种方式实际都属于同一类别，即付款交单类别。另外一种类别则不需要买家付款，而仅仅承诺在未来会付款给银行，就能得到单据去提货了。这种方式称为“承兑交单”（Document Against Acceptance），俗称“D/A”。在金融领域里，“Acceptance”是承兑的意思，通俗说法就是“承诺兑付”。还是拿 Lucus 和 Frank 来说事。Franks 开具了远期汇票，并做个跟单托收。B 银行伦敦分行（这里它的角色是代收行）向 Lucus 提示这张远期汇票时，Lucus 向伦敦分行承诺将在汇票到期日承兑汇票；伦敦分行就把商业单据给了 Lucus，他即可提货。如此，Lucus 在没付钱的情况下，就能转卖这批货物了。

我：这个“D/A”方式好像对供应商风险巨大啊！万一 Lucus 要滑头来个人间蒸发，那 Frank 岂不是钱货两空啊。

Alan 哥：你说对了。人间蒸发是一种可能，还有 Lucus 可能申请破产（可能性大不大要看英国的破产法对破产后再经营的难度而定，如果难度大时间长，那可能性就小很多）。哪怕是 Lucus 不蒸发、不破产，只要他耍滑头向 Frank 要挟砍价，最后 Frank 还是非常有可能就范的。所以卖家接受“D/A”方式真是要慎之又慎。

我：风险这么大的付款方式怎么还会出现，而且还会被应用呢？

Alan 哥：这个问题确实挺有意思的。

黑格尔说：“存在既合理。”我的理解是“存在就有其合理性”。实际上，生意既有两面性，也有统一性。对供应商不利的，往往对买家有利，这就是两面性。而对买家有利可图时，买家更愿意采购和经销这样的产品，反过来对扩大卖家的销售也是有利的，这就是生意的统一性。最终这个统一性的作用就是买卖双方一起把生意做大。因此，“D/A”的付款方式如果好好利用，其实对双方都好处，但是一定要注意一些大背景。比如，当卖家的产品独树一帜，在市场上处于上升阶段，而且还少有跟风生产者，这时买家就对卖家产生追捧。在这种情况下，如果卖家自身的资金能支持，那么利用“D/A”方式刺激买家销售产品，会非常迅速地扩大销售和占领市场，这对买卖双方都有好处。但是，如果供应商不具备这样的市场地位，就不建议用这个方式了。另外，市场总是瞬息万变，即使是市场地位强势，也要严格防范风险。

总体来讲，正是“托收”支付方式的风险性相对比较高，所以它的应用面比较少，占国际贸易的3%~5%。

1.1.4　支付方式：信用证（Letter of Credit）

Alan 哥：小钧，接下来我和你谈谈信用证。

我：好啊，师傅。早就听说信用证大名了，总觉得很神秘，今天听听师傅解读。

Alan 哥：好！还是拿 Lucus 和 Frank 来讲故事吧。

Lucus 又向 Frank 订购一批红酒，金额比较高，达 10 万美元。Lucus在盘算，一是这笔订单有点大，手头的资金有点紧，最好不付定金；二是希望能更好地控制 Frank 的产品按时交货，上次他交货就有点晚。Frank 也在盘算，这个订单金额有点大，最好有资金支持，上次 Lucus 的订金来得有点晚，让我难以开始生产，这小子还怪我交货迟。

他们俩各有心事，除了资金需求外，都希望对方能守约。于是他们俩都想到了信用证，他们在合同中写明，用“即期跟单信用证”结算。合同约定，5 月 1 日，Lucus 的伦敦分行的信用证要到达 Frank 的里昂分行，其他的就按照信用证办事了。于是两人分头忙开了。

根据合同，Lucus（开证人）向伦敦分行（开证行）提出开立“信用证”的申请。Lucus 交了一些押金后，银行根据申请内容，以及保护其自身利益的一些条款，最终形成了信用证，并传递到了 Frank 的里昂分行（通知行）。5 月 1 日，Frank 得到里昂分行的信用证通知函。

Frank 查看了信用证后，条款上没有发现问题，交货时间和交单时间也足够，就确认了信用证，并立刻用信用证向里昂分行做了抵押，贷款 5 万美元，启动了生意。

根据信用证记载的交货期 9 月 1 日，Frank 如期交货，并获得了提单，并做了一套完整的单据。又在信用证规定的交单日 9 月 15 日前，Frank 把自己制作的单据连同提单一起提交给了里昂分行。里昂分行根据信用证审核了所有单据，没有发现问题，立即将所有单据邮寄去了伦敦分行。伦敦分行收到单据，并根据信用证要求作了审核未发现错误，当即付款。至此，这个信用证项下的订单就算完成了。

这个信用证订单，是典型跟单信用证，也就是汇票连同商业单据一起流转。也是最常见的信用证交易过程，流程图如图 1-3 所示。

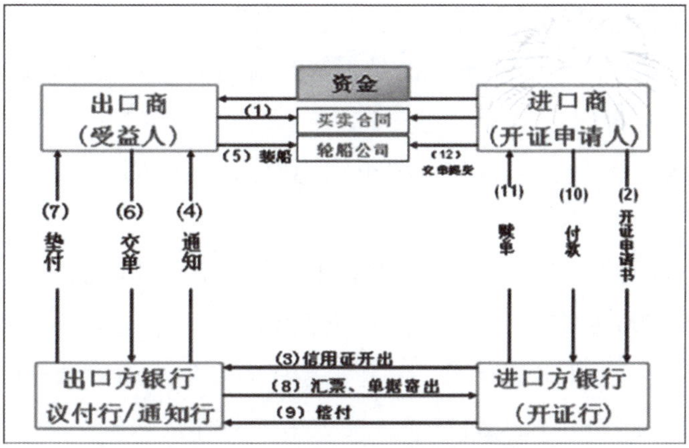

图 1-3　跟单信用证流程图

我：看来信用证可比前面两种付款方式复杂多了。

Alan 哥：是的，从上面我的简单介绍中，你说说电汇、托收、信用证有哪些核心区别？

我：我发现，你在讲解时总是说“根据信用证”这个词，好像这几个当事人办事的时候都在围绕着信用证，而不是合同。

Alan 哥：你说得非常对，也抓住了重点。

尽管 Lucus 和 Frank 在一开始签订了合同，但是在信用证被开立后，合同就不再成为买卖双方行动的规范，而全部按照信用证的要求办事。这是和其他付款条件下的合同截然不同的地方之一。你再想想还有什么区别。

我：还有，我发现，伦敦分行付款的依据不同。当伦敦分行审核单据没有错误时，就直接付款了，并没有征得买家 Lucus 的同意。电汇条件下，本身就是买家自主的行动。而托收条件下，除非买家愿意，否则银行也不会付款。

Alan 哥：你说到的是一个重要的区别。

信用证下开证行承担第一性付款责任，这就是银行信用，可比商业信用高多了。无论买家是不是同意付款，银行都要付款。当然这个条件就是，卖家通过通知行传递过来的单据必须符合信用证规定的要求，说到底也就是符合开证行的要求。

我：难道银行只看单据表面是否符合信用证，不用去审核产品有没有瑕疵吗？

Alan 哥：是的，银行只审核单据内容有无和信用证不相符，不检查产品本身是否有瑕疵。

我：这样漏洞还是很大的。要是 Frank 给了劣质红酒，而单据又做得无瑕疵，那么银行给了钱，Lucus 却得到了烂货，他岂不是被害惨啦？

Alan 哥：这确实是漏洞，但是要是真的发生类似事情，Lucus 就得根据合同，要么和 Frank 打官司，要么用国际仲裁来解决了。但时间成本和费用都很高了。也正因为这样，信用证使用的数量也不算很多。

信用证相关的知识点非常多，要全面掌握需要很长的时间。下面我们看一下信用证最常见的分类。

按照汇票是即期还是远期，可以分成“即期信用证”（Sight L/C ）和“远期信用证”（Usance L/C ）。远期信用证通常有 30 天和 60 天，而 90 天的信用证就很少了。

按照信用证是否可以撤销，可以分成“可撤销信用证”（Revocable L/C ）和“不可撤销信用证”（Irrevocable L/C ）。从对卖家的安全角度讲，当然要选择后者。在《跟单信用证统一惯例 600》（简称 UCP600）中规定，以此规范开具的信用证都是不可撤销的信用证，所以如果碰到买家要开信用证，必须看清楚来证上方的信用证适用版本是否是 UPC600。

叮当提醒

说到这里，我要强调的是信用证的软条款。软条款的实质是，潜伏在信用证条款里的，有可能免除银行第一性付款责任的条款。前面谈过，信用证之所以过硬，就是因为银行承担第一性的付款责任。而软条款却是在免除这个责任，所以这对供应商来讲是潜在的危险，好比定制炸弹。软条款通常看起来有道理，但到了实际却不太能实现。比如，有条款写，验货单必须由指定的人签字方可生效。此条款看似合理，似乎是买家为了防控产品质量而写。但是，如果这个指定的人迟迟不出现来签字，耽误了交货怎么办？或者，指定的人签了字，但不知什么原因，他的签字笔迹和开证行留底的字迹差异很大而不被开证行认可，又该怎么办？这就是典型的软条款。

当然，还有在船籍、是否转船或直航、船龄、产地证等细节上面下套的。所以，当我们发现这些蛛丝马迹的时候，一定要委婉且坚定地要求买家修改信用证，否则宁愿不接这样的单子。

我：看来做生意可真得小心谨慎啊。

Alan 哥：是的，我们要多用一些外部的征信机构的数据来帮助我们。

我：我听说现在还有一些新的支付方式，比如 PayPal 等，你能给我扫盲一下不？

我：好呀，我正要给你讲讲呢。

PayPal 支付方式属于网络支付。PayPal. Inc 公司于 1998 年 12 月成立于美国。在 2002 年 7 月被 eBay 收购。

PayPal 的特点是：

1. PayPal 用户都使用信用卡注册，全部实名制。

2. 支付渠道：PayPal 通过自身渠道付款给网络商家，商家无法直接取得消费者的信用卡资料，从而减少信用卡资料泄露的概率。

3. 目前 PayPal 支持 6 种货币：加元、欧元、英镑、美元、日元、澳元。这个给做国际贸易的人确实带来方便。

4. 分3种账户类型：个人账户、高级账户和企业账户。用户可根据实际情况进行注册，个人账户可以升级为高级账户，再升级为企业账户。同样，企业账户也可以降为高级或者个人账户。

5. PayPal 的理念是保护买方。产品设计是从买家角度来建设的，买家有任何不满意都可以提出质疑，这样卖家会拿不到钱；这一点对卖家不利，但是从长远考虑，只要我们是诚信的卖家，我们又有什么可怕呢？这里多说一句，支付宝的理念是偏向保护卖家的。

6. PayPal 资金体现：用户在美国可以转账提现到银行；在中国则可以电汇至银行，都是要手续费的。截至2013年，它已经能支持13家中国境内的银行信用卡了。

截至2013年，PayPal 公司的用户数已经超过2.2亿，和 PayPal 相似的公司还有 Webmoney①。

另外，Western Union（西联）是世界上领先的特快汇款公司，迄今已经超过150年的历史了。它主营电子汇兑，就是我们前面说到的电汇。它与中国境内的12家银行展开合作。办理汇款业务的话，需要到银行柜台。当然，Western Union 也收手续费。

就我们做外贸的而言，Western Union（西联）汇款有比较明显的优点：一是方便，用户不需要开立银行账户，金额在1万美元以下的业务不需提供外汇监管部门审批文件；二是快，通常汇款在10分钟之内就能到达，而普通国际汇款，2000美元以上需要外汇监管部门审批，时间上则要3~7天才能到账。

我：师傅，能不能为我梳理一下前面这几种支付方式的核心区别点呢？

Alan 哥：可以的，这几种支付方式汇总如表1-1所示。

---

① Webmoney：简称 WM，是由成立于1998年的 Webmoney Transfer Techology 公司开发的一种在线电子商务支付系统，截至2012年9月份，注册用户已接近1900万人，其支付系统可以在包括中国在内的全球70个国家和地区使用。

表 1-1　几种支付方式区别汇总表

<table>
<tr><th></th><th>模式</th><th>信用类别</th><th>能融资吗</th><th>要汇票吗</th><th>银行费用</th><th>即时性</th><th>基本的应用场景</th><th>金额限制</th></tr>
<tr><td>T/T</td><td>线下传统</td><td>商业信用</td><td>不可以</td><td>不需要</td><td>低</td><td rowspan="3">比较慢</td><td>企业间贸易支付，大额货款</td><td rowspan="3">无</td></tr>
<tr><td>托收</td><td>线下传统</td><td>商业信用</td><td>不可以</td><td>通常需要</td><td>较低</td><td>企业间贸易支付，尾款，小额</td></tr>
<tr><td>信用证</td><td>线下传统</td><td>银行信用</td><td>可以</td><td>通常需要</td><td>较高</td><td>企业间贸易支付，大额货款</td></tr>
<tr><td>西联</td><td>线下传统</td><td>商业信用</td><td>不可以</td><td>不需要</td><td>低</td><td>快</td><td>个人和企业间</td><td>有</td></tr>
<tr><td>PayPal</td><td>互联网</td><td>商业信用</td><td>不可以</td><td>不需要</td><td>很低</td><td>非常快</td><td>个人和企业间，信用卡支付</td><td>有</td></tr>
</table>

Alan 哥还告诉我，这些仅仅是基本的区别，实际上还有很多细节差别，需要我在未来的日子里多方面学习积累。还有就是要记住，这些支付方式不是相互对立的，实际上是形成了互补。比如，样品费、小额订单等可以通过 PayPal 来支付；几万美元的订单，则可以通过 T/T 的方式；一些尾款可以利用托收方式向买家收取；十几万、几十万美元的大订单，可以利用部分信用证和部分后 T/T 的方式，既解决启动资金，又能平衡双方的风险。所有这些都需要在实践中积累。付款方式的灵活运用不仅要求我熟悉它们，还要求我站在生意立场上，为双方创造生意的最大可能性，同时也规避风险。

Alan 哥给我讲了这么多重要的知识点，接下来就是要把这些知识融入到我的实际操作中了。希望自己可以以饱满地状态迅速上手。

来公司上班已经一周多了，之前 Alan 哥给我讲的有关跨境电商的一些小常识，我从理论层面已经了解得差不多了，在操作层面就需要我在接单的过程中一步步熟练运用了。最近得知 Alan 哥不光是业务能手，在跨境电商理论研究领域也小有名气，而且最近他还不忙，这样的好机会，我怎能错过啊？于是，我又找到了 Alan 哥。

1.2　跨境电商趋势：从线下到线上

我：师傅，我最近遇到一些朋友说，现在跨境电商在 B2C 领域里比较顺利，但是在 B2B 领域依然是不温不火，甚至阻力重重，尤其是运输、支付、检验、通关等很多方面推进得比较慢。你觉得跨境 B2B 的前景如何呢，给我讲讲吧。

Alan 哥：其实你谈到的问题正是整个社会要去解决的问题。我想从国际跨境电商发展趋势、国内的政策环境这两个方面，给你讲讲的前景。（以下资料部分摘录于福雷斯特研究公司及艾瑞咨询。不过，当你看到以下的 B2B 字样时，不要以为一定是跨境，实际上国内的 B2B 也被算在内。同样，电子商务实际上也包含了各种模式）。

1.2.1　全球范围跨境电商发展趋势

全球电子商务的迅猛发展局面是传统贸易企业开展跨境电商的大背景。截至 2013 年，全球互联网用户已达到 21 亿，有近 10 亿人进行网络购物。2013 年全球 B2C 电子商务交易额达到 1. 3 万亿美元，同比增长 18. 3%，已经占到全球零售总额的 5%，重点产品是服装与配饰、书籍和旅游。福雷斯特研究公司数据测算，B2B 电子商务交易总额是 B2C 电子商务交易总额的两倍以上。那么从地区分布来看，全球电子商务具有以下 2 个特征。

1. 强国稳居主导地位，新兴市场发展迅猛。

美国电子商务市场的规模约占全球的 1/3。福雷斯特研究公司测算，到 2013 年底，美国 B2B 电子商务交易总额将达到 5590 亿美元，B2C 电子商务交易总额将在 2700 ~3000 亿美元之间。网络购物整体金额已占零售总额的 7%左右。美国人网上购买最多的物品是书籍、服装、配饰、电影及音乐制品。之所以是这样的产品类别，这与亚马逊的经营类别占比更大有关。此外，美国移动电商增长很快。整体预计 2011 ~

2016 年美国电子商务交易额的平均增长速度将在 7.2%左右。

欧盟电子商务市场规模与美国大体相当。2012 年欧洲 B2C 电子商务交易金额 3117.2 亿欧元。其中，欧盟 2765 亿欧元，占欧洲的 88.7%（英国 961.9 亿欧元、德国 500 亿欧元、法国 450 亿欧元、西班牙 129.7 亿欧元，英国、德国、法国 3 国占到欧洲电子商务市场交易总额的 61%）。欧洲电子商务数据显示，欧洲移动电商 2012 年增长到 170 亿欧元，占 2012 年电子商务交易总额的 5.5%。

日本的"Rakuten. co. jp"、"Amazon. co. jp"和"Nissen. co. jp"是占主导地位的网上购物平台，服装和食品都是日本 B2C 电子商务最热门的产品类别。人们也越来越多地使用智能手机进行网络购物，2012 年日本的移动电子商务交易金额占电子商务交易总额的 1/4。预计 2013 ~2016 年间，日本每年 B2C 电子商务交易金额增长率都将在两位数以上。

东欧和南欧的国家是欧洲电子商务增长最快的国家。南欧地区 2012 年交易金额 3240 亿欧元，增速 29.3%，占欧洲电子商务市场的 10.4%。东欧地区 2012 年交易金额 1340 亿欧元，增速 32.6%，占欧洲电子商务市场的 4%，主要由俄罗斯带动。俄罗斯电子商务市场交易金额从 2011 年的 76 亿欧元增加到 2012 年的 103 亿欧元，年增长率为 35% 。阿里巴巴的研究数据显示，俄罗斯 2015 年电子商务市场总额将超过 300 亿美元。

亚太地区 B2C 电子商务一直在快速增长，且仍然是潜力最大的地区。在韩国，B2C 电子商务占零售总额的比重已经达到 6%，主导电子商务平台是"market. co. kr"和"11st. co. kr"，主要消费旅游服务、服装和时尚类产品。在澳大利亚，2012 年有超过 80% 的人使用互联网，超过 50% 的人进行网购，到 2016 年之前网上销售的增长速度都将在 19.8% 左右。在印度，互联网消费者于 2012 年达到 1.5 亿人，预计 2015 年将达到 3.8 亿人，并且将有 3900 万人使用电子商务。2007 ~2011 年电子商务交易额增长率达到创纪录的 54.6%，5 年交易规模总额达到100亿美元，2012年单年交易规模为40亿美元，其中B2C和C2C市场规模增速最为明显，但在线零售业只占整个零售业的0.1%，远远低于中国的2.9%和美国的7%，增长潜力巨大。预计2011~2016年间印度电子商务交易额平均增长率将高达30.6%，2010~2020年间的平均增长率将达到40%，到2020年将达到2000亿美元。印度政府已经批准亚马逊建设大型仓库来为第三方存储商品，目的就是借助外资力量扩大印度的电商行业。

拉丁美洲电子商务的交易金额已由2002年的16亿美元增加到2012年的430亿美元。巴西一国的交易金额就占到了拉丁美洲交易总额的59%。巴西2011~2016年电子商务交易额的增长速度都将在18.2%左右。到2015年，巴西互联网用户中将有40%在网上购物，这都受益于不断增加的移动互联网渗透率和社会商务（Social Commerce）。

B2C电子商务市场增长比较快的还有非洲。2012年埃及20%以上的互联网用户都在进行网购，摩洛哥有超过一半的人使用互联网。"Ystat.com"报告显示，B2C电子商务正在南非兴起，有优惠券的网站和旅游特别受欢迎。随着非洲智能手机渗透率的提高，尤其是南非，移动电商和移动支付市场有望在非洲实现快速增长。

2. 国际跨境电商发展情况。

以亚马逊为例，其净销售额从2001年的25亿美元增加到2012年的610亿美元，其中，43%来自北美以外的其他地区。中国的海淘大军也贡献了不少。2012年跨境网购在欧洲增长明显，占到互联网零售总额的10%，2015年将比2012年增长1倍。有6%的欧盟企业通过网络将商品卖到其他欧盟国家。德国网上零售商一直受益于来自邻国奥地利的跨境网购消费者。西班牙消费者从海外网站进行网购，而西班牙的网络卖家也把自己的商品卖到国外。根据俄罗斯邮政公布的数据，2012年其境内来自海外的邮政小包数量增加了1倍，跨境在线零售达到20亿美元；而2013年前3个季度已经接收了约216万份包裹，其中70%来自跨境在线零售。2014年来自阿里巴巴的数据表明，阿里速卖通输出到俄罗斯的交易金额占速卖通成交额的1/3。

1.2.2 国内跨境电商的政策环境

总体来讲，政府对跨境电商的政策支持力度不断加大，从试点到全面铺开。2008 ~2012 年，国家陆续发布 10 项政策，涉及监管、支付结算及试点等方面，政策呈点状分布，侧重支持引导。2013 年至今，政府对跨境电商越来越重视，集中出台的 10 余项政策之间更有关联性，并向实施层面推进，主要集中在出口业务的监管。当前的监管原则选择了合规和适度原则，即在促进电子商务行业发展和鼓励创新的前提下进行监管，监管机制依然延续了传统的外部多层次监管，促进了跨境电商法律政策环境不断完善。

1. 各种跨境电商贸易方式下的通关方式。

总体上是是规模方式出口和进口纳入海关统计，而碎片化方式出口和进口的商品在通关、结汇或纳税方面存在问题。

跨境电商 B2B 出口和进口：在规模化方式出口的情况下，按货物方式进行的一般贸易出口本质上仍属于传统贸易，流程规范，运作相对成熟，纳入海关统计，跨境电商 B2B 进口与跨境电商 B2B 出口整体情况基本一致。在碎片化方式出口的情况下，按快件及邮件方式出境，很难拿到海关正式报关单，在检验检疫、结汇及退税方面可能存在问题。

跨境电商 B2C 出口：由于主要面对海外消费者，订单额较小，频率高，一般采用快件和邮寄的方式出境，暂时未纳入海关货物监管中，在检验检疫、结汇及退税方面可能存在问题。跨境电商 B2C 进口：快件及邮件方式入境，主要是国内消费者购买的日常消费用品，用作个人自用，不纳入海关统计。目前按现行货物或物品方式监管可操作性较差，海关等部门也逐渐在规范和健全这部分商品的监管。

2. 2012 年，中央政府展开跨境电商试点工作。

试点工作主要从两个方面进行创新：一是政策业务创新，探索适应跨境电商发展的管理制度。二是信息化手段创新，依托电子口岸协调机制和平台建设优势，实现口岸相关部门与电商、支付、物流等企业的业务协同及数据共享，解决跨境电商存在的问题。

2012 年 12 月，海关总署跨境贸易电子商务服务试点工作启动，确定上海、重庆等 5 个试点城市。2013 年 10 月，跨境电子商务城市试点在全国有条件的地方全面铺展，试点城市主要集中在物流集散地、口岸或是产品生产地等。

跨境电商试点城市共有 4 种可申报的业务模式，不同城市的业务试点模式范围有明确限定。目前，国家海关总署明确可以做跨境电商进口试点的城市共有重庆、广州、上海等 7 个城市，其他获批的试点城市均只有出口试点的资格。

截至 2014 年，中国跨境贸易电子商务服务试点城市的审批情况如表 1–2 所示。

表 1–2　中国跨境贸易电子商务服务试点城市审批情况表

批次	批准时间	试点城市	审批单位
试点启动期	2012 年	郑州、上海、重庆、杭州、宁波等 5 个城市。	海关总署
全面铺展期	2013 年~2014 年	广州、深圳、苏州、青岛、长沙、平潭、银川、牡丹江、哈尔滨、烟台、西安、长春等城市。	海关总署

中国部分跨境贸易电子商务服务试点城市业务模式限定范围情况如表1–3所示。

表 1–3　中国部分跨境贸易电子商务服务试点城市业务模式限定范围表

代表城市	直购进口模式	保税进口模式	一般出口模式	保税出口模式
重庆	√	√	√	√
广州	√	√	√	√
上海	√	√	√	
宁波		√	√	
杭州	√	√	√	
郑州		√		√

同时，各个试点城市还积极探索跨境电商的进口业务。目前，跨境电商业务模式的探索大致可以分为出口和进口两方面：

一是出口业务，采用“清单核放、汇总申报”的管理模式，解决电商出口退税和结汇问题，根据海关总署的数据，截至 2014 年 4 月 28 日，出口业务已在杭州、郑州、广州、重庆等地开展，累计验放出口清单超 25 万份，归并形成出口报关单 1393 票，价值约 2925 万元。

二是进口业务，各试点城市建立网购保税进口模式和直购进口模式。截至 2014 年 4 月 28 日，进口业务已在上海、宁波、杭州、郑州、重庆等地开展，累计验放进口包裹约 6 万票，货值 2048 万元。跨境电商进口业务试点城市进行了较多尝试，各政府指导下的跨境电商平台先后上线，如上海的跨境通、宁波的跨境购等。目前，进口方面的直购进口模式和保税进口模式的大致情况如表 1–4 所示。

表 1–4 跨境电商两种进口业务试点模式分析表

跨境电商进口业务模式	直购进口模式	保税进口模式
运作方式	消费者购买境外商品，境外商品通过国际运输的方式发送商品，直接送达境内消费者。	境外商品入境后暂存保税区内，消费者购买后以个人物品出区，包裹通过国内物流的方式送达境内消费者。
优缺点	优点：产品丰富多样，中国消费者可以直接购买稀缺、优质、新奇的全球商品，并可与海外商家直接沟通。 缺点：收货时间稍长，7~10 天。	优点：缩短物流时间，海关监管保证质量，方便退换货等售后服务，优化购物体验。 缺点：商品可供选择范围有限。
商品价格构成	商品标价+物流费用+行邮税（具体依商家有所调整）。	商品标价+行邮税（具体依商家有所调整）。
典型试点	杭州、广州	上海的“跨境通”、宁波的“跨境购”、郑州的“E 贸易”、重庆的“爱购保税”等平台。

表1-4 续

跨境电商进口业务模式	直购进口模式	保税进口模式
试点成果	N/A	截至 2014 年 3 月底，上海跨境通累计成交订单 26766 笔，订单商品主要为星冰乐、奶粉等进口食品；宁波跨境购共验放 15017 票商品，货值 497.5 万元，品种主要是尿不湿、不锈钢保温杯、食品等。

我：哇噻，师傅你的资料好丰富啊。你这么一讲解，我都不需要再去看别的参考资料了。

Alan 哥：刚才和你谈的有关“政策方面的内容”，我都是参考了艾瑞咨询①的统计和整理的资料，他们才专业。从艾瑞的资料看，各级政府层面其实早就对跨境电商的发展作出部署，而且从趋势看，各级政府的重视和支持力度越来越大，考虑的问题也越来越全面。而且，除了政府层面的行动，资本市场也早就对跨境电商越来越青睐。

2010 年 1 月 1 日至 2014 年 9 月 30 日期间，电商行业共发生 567 笔投融资，其中 2010 年 99 笔、2011 年 176 笔、2012 年 97 笔、2013 年 92 笔、2014 年截至 9 月 30 日共计 103 笔。从跨境电商来看，多家跨境电商，如阿里巴巴、敦煌网、兰亭集势、大龙网等先后获得金额不等的投资。2012 年~2014 年 9 月 30 日中国跨境电商领域重点投资、触融资事件如表 1-5 所示。

---

① 艾瑞咨询：英文全称 iResearch，成立于 2002 年，公司创始人杨伟庆先生毕业于华东理工大学。1998 开始接触网络广告行业，是中国最早的一批网络营销专业人士。艾瑞市场咨询目前的主要服务产品有 iUserTracker（网民行为连续研究系统）、iAd Tracker（网络广告监测分析系统）、iUserSurvey（网络用户调研分析服务）等。

表 1-5　中国跨境电商领域重点投资、融资事件一览表

企业	时间	投资机构	披露金额	单位
阿里巴巴	2012. 9. 18	中投/中信资本/国开金融/博裕投资	20	亿美元
	2011. 10. 8	数字天空技术/银湖/淡马锡/红杉中国	16	亿美元
敦煌网	2014. 9. 12	华创资本和 TDF Capital/华盈创投	数亿	元
	2010. 3. 11	华平投资等	2	亿元
大龙网	2011. 9. 27	北极光创投	395	万美元
	2011. 1. 1	海纳亚洲	N/A	
	2010. 6. 5	北极光创投	400	万美元
兰亭集势	2012. 3. 23	联创策源、金沙江创投	800	万美元
	2010. 10. 25	金沙江创投/挚信资本/联创策源/联创策源/Banean	3500	万美元
环球市场	2010. 6. 1	上海国际资产	1131	万美元
Wish	2014. 6. 28	Founders' Fund、君联资本、Formation 8、GGV 和雅虎联合创始人杨致远	5000	万美元
	2014. 4. 1	纪源资本（GGV Capital）和 Formation8	1900	万美元
找库科技	2013. 10. 1	青松基金	数百万	元
	2014. 9. 1	国海坚果资本	数千万	元

注：这些资料，也是来自艾瑞咨询的统计和整理。资本的市场嗅觉是最灵敏的。从另一个侧面，也表明跨境电商即将大爆发。

通过 Alan 哥系统性的讲解，我对我国的跨境电商基本现状有了进一步的了解。今天 Alan 哥要针对买家、卖家的身份定位，给我进行讲解。想着有这么一位理论和实践经验兼备的师傅带我入行，这真是我的幸运。

1.3 卖家和买家的身份定位

Alan 哥：小钧，我今天要和你聊聊卖家和买家的身份定位所牵扯出来的心态问题。

我：心态问题？我们卖家负责销售，国外客户负责采购，不就是这心态吗？

Alan 哥：我们面对国际客户，销售产品给他们，我们是卖家；但同时，面对国内的供货商，我们采购原料、半成品及各种服务，我们就是买家。有的时候，我们还向国外进口原料半成品，我们也就是买家。

因此，我们必须以买家的角度来服务买家，而不是以卖家的身份和角度。在我刚刚开始做外贸的时候，买家来询价，我通常会刨根问底地问买家他究竟要什么，因为我认为如果我不知道买家希望买什么，我怎么给他报价呢？万一价格报得不合理，把客户吓跑了，多可惜呀。

我：这样做很对呀，不打听出客户要什么，怎么报价呢？

Alan 哥：是啊，表面看是对的，但实际上可能并不是。从买家角度看，如果这个卖家没有体现出专业性及好服务，我怎么会信任他，怎么会被卖家一问就轻易地告诉他我的采购需求细节呢？过早地表明我的需求细节对我买家可能存在潜在不利。

因此，我们供应商应当做到的是，首先必须以树立专业形象来赢得买家对我们的信心，才能赢得机会和买家进一步洽谈生意。具体到实际的操作，则要根据对方的询盘来作适当的调整，这点到询盘内容里再详细展开说吧。

我：师傅，你说的还真有道理。上个月我陪父母去商场买彩电，那个销售员特别在行，帮我们挑了几款备选的机型，再初步地评价一下各自的优缺点。我妈就特别信任他，就完全按照那个销售员的问话，把客厅大小、电视柜和沙发之间的距离、有没有其他光源、有没有网络设备等都告诉他了。最后，买到的彩电比我们的预算高了些，但是我爸妈却非常开心。看来，做个能从买家角度看生意的卖家才是个好卖家啊。

Alan 哥：小钧，你举的例子太生动了。尽管是个零售的过程，但实际上咱们的国际贸易首先销售的就是自己的专业能力，这和你说的电视销售员可一模一样啦。

另外，作为卖家，必须有个心态就是与客户有共同的利益。很多供应商的业务员甚至是老板，在看到买家的售价之后，总觉得他攫取了我们的更多利益，自身总不免把自己放在买家的对立面，尤其是在产生某些纠纷的时候，往往会把关系弄得很僵。实际上，双方都希望生意顺利，这样各自都能赚到应该赚的钱。当问题发生，买家也面临着损失的风险。比如，他会因此丢了他自己的客户、市场、商誉，或者工作。这种情况下，都愿意尽量地挽救这个生意。因此，要把买家看做是我们生意的在国外的延续，是利益共同体。

不过，对于那些想欺骗我们的所谓买家，我们当然要警惕再警惕。这是另外的话题了。

我：哦，明白了，我一定会在日后的业务工作中保持好的心态，因为我们的角色随时会有转换。

1.4 跨境电商的流程大图

我：师傅，跨境电商的流程是怎么样的？

Alan 哥：跨境电商在流程方面确实比传统国际贸易简单些，我用图解方式来和你探讨下两者的差别。首先必须要说明一点，跨境电商的发展异常迅猛。在我们成书的过程中，跨境电商已经在不同领域里发生变化了。比如国务院在杭州成立的国内唯一的中国（杭州）跨境电商综合实验区正式开业；第一笔 B2B 跨境电商订单从杭州富阳的一家公司，通过综合实验区完成交易。因此，后面所讲到的有关跨境电商的内容不是固化的，而是迅速变化的。

下面，我就用最简单的方式来描述国际贸易的全链条（如图 1-4 所示）。同样从生产商到消费者，跨境电商的流程则有较大的精简。

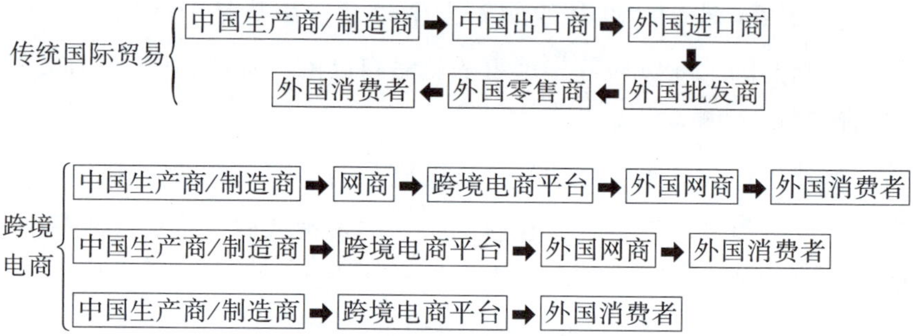

图 1-4　国际贸易全链条示例图

对于从事传统的国际贸易的人来说，第一条流程很熟悉了，不必作再作现实还原。对于跨境电商的 3 组流程，现阶段是并存的，有必要作现实还原。

跨境电商第一条流程中，生产商（制造商）的货物是由比较专业的网商来作网络营销的。这些相对专业的网商往往以贸易商的身份出现。而第二条流程中，生产商（制造商）自己就是网商。这两条流程更适应跨境 B2B 的货物组织形式，也能适应 B2C 的货物组织形式。

目前的阿里巴巴、中国制造网和环球资源网基本以第一条流程为主，兼顾第二条流程。

第三条流程是通过电商平台直接销售给了国外消费者，也是最简流程。这条流程更适应 B2C 的货物组织形式，也能兼顾 C2C 模式。前面谈到过亚马逊、速卖通和敦煌网都是这样的平台，而 eBay 则主攻 C2C 模式。

如果从国内出口人角度来看待我们的出口业务，通常可以分成以下 5 个阶段：

合同前磋商；合同后、生产前的准备；报关前的准备；报关与放行；收汇和退税。

接下来，我要谈谈，这个流程在传统的国际贸易和跨境电商领域之间有什么异同。

1.4.1 合同前磋商

国际贸易签署合同前的磋商流程如图 1-5 所示。

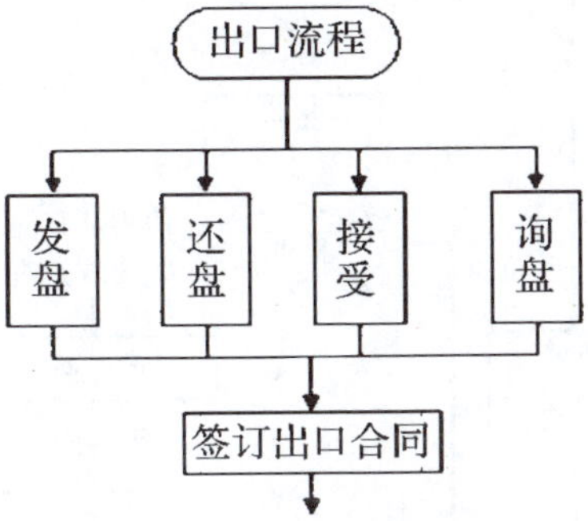

图 1-5 合同前磋商流程图

这个阶段的重点是判断买家和生意的真实性、可行性、对企业发展的作用等。在 B2B 领域里，这个阶段在传统贸易和跨境电商之间没有明显差别。核心是为了自身安全和生意是否有利可图展开前期沟通。

所谓差别就是传统模式下，行为模式都已经很固定了，而目前跨境电商平台则在尽情地优化传统模式。比如：平台功能不断迭代，不仅能模拟传统行为模式，还在易用性方面、功能模块融合方面、与移动终端的融合方面尽可能地简化和优化传统的工作流程。

1.4.2 合同后、生产前的准备

国际贸易签署合同后、生产前的准备流程如图 1-6 所示。

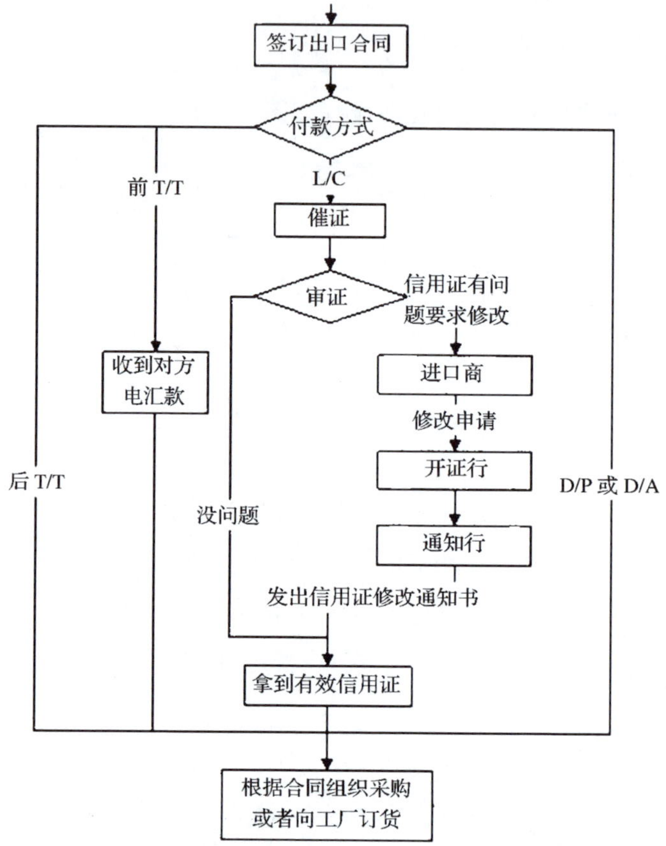

图 1-6　合同后、生产前准备流程图

从传统贸易角度看，这个阶段的要点实际是履行合同的过程，而目前跨境 B2B 的履约过程主流与此相仿。但是，在一些平台上正在发生积极变化。比如，阿里巴巴平台就支付方面提供了更多的解决方案："Trade Assurance" 提供了基于前 T/T 模式，外加基于供应商保质保量交货的担保模式，促进交易。严格意义上讲，在支付方面还没有实质性突破，而在买家保障方面做出了突破性尝试。其次，阿里巴巴还与中国出口信用保险公司（以下简称"中信保"）联手推出了 "e-Credit Line" 服务，其实质是为买家解决融资，帮卖家了解买家资信的服务。这是在信用与支付方面的创新。

另外，平台上已经支持买卖双方在线生成订单。而且，生成订单所需要数据等都能在往来邮件中自动获取并允许人工撰写。这些都是利用数据技术，优化双方工作流程和强度的。

1.4.3　报关前的准备

国际贸易报关前的准备流程如图 1-7 所示。

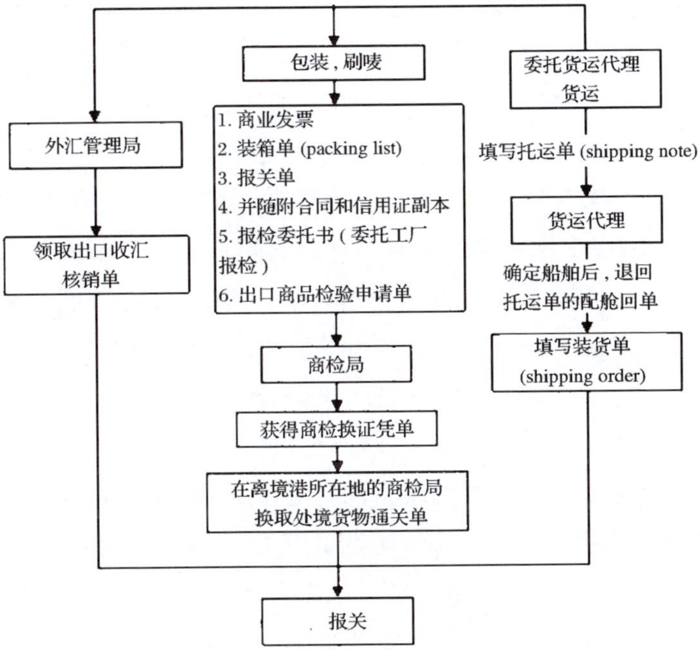

图 1-7　报关前准备流程图

这个阶段是为了出货前准备好的 3 个必备的条件：商检——检验检疫合格而允许出口；货代——国际运输资源到位而有条件发货；外汇——向国家外管机构报备而允许将来换汇核销。传统模式下，出口企业必须分别在上述 3 个不同的地方办理好所有手续，才能进入报关程序，确实是很考验出口企业人力和时间的。

中国（杭州）跨境电子商务综合试验区“单一窗口”在这方面就做出了非常有意义的探索。“单一窗口”平台 2015 年 6 月 1 日起上线测试，这是综合试验区获批后首个落地试验成果。“单一窗口”业务操作平台主要承担了备案和数据申报等政务服务功能。应各监管部门要求，“单一窗口”平台为开展跨境电商业务的电商企业、支付企业、物流企业等各类型企业或个人提供基本信息备案、商品信息备案和免税备案等在线服务。同时，针对进出口 B2C 业务申报，提供订单管理、运单管理/清单管理、通关认证管理/报关申请单管理等功能，实现跨境贸易电子商务 B2C 业务数据的无纸化、电子化和自动化申报与管理。

“单一窗口”实现“一次申报、一次查验、一次放行”。综合试验区“单一窗口”平台实行“一点接入”原则，为开展跨境电子商务的电商企业、支付企业、物流企业等各类型企业提供统一的申报入口，以“一次申报、一次查验、一次放行”为目标，减轻企业工作量。

以出口 B2C 业务为例，从事出口的电商企业在订单成交之后，会在第一时间向“单一窗口”平台推送订单、清单数据，“单一窗口”负责将这些数据推送给海关、检验检疫等监管部门，同时接收各监管部门审单回执。物流企业会向“单一窗口”平台推送物流状态，如包裹什么时间到达海关监管场所，海关放行后包裹是什么时候出境的，“单一窗口”会将这些数据推送给海关，同时接收海关审单放行的回执并推送给物流企业。根据海关跨境电商零售代码中“9610”清单申报和汇总归并的原则，每月 1 日，“单一窗口”平台还会自动将所有申报的清单汇总成报关单，交给报关行进行报关操作。

“单一窗口”平台的建设，重在打破“关、检、汇、税、商、物、融”等各部门信息壁垒。目前，平台已建成“统一认证中心”和“数据交换中心”，正在加紧建设大数据中心。待“单一窗口”平台大数据中心建成后，综合试验区还将运用大数据处理技术，构建适合跨境电商发展的金融服务、智能物流、电商信用、统计监测和风险防控体系，并服务好线下综合园区平台和企业发展。

目前国内其他的平台都还不具备如综合试验区的“单一窗口”这样在上述各个监管部门之间的打通功能。

1.4.4 报关与放行

国际贸易报关与放行的流程如图 1-8 所示。

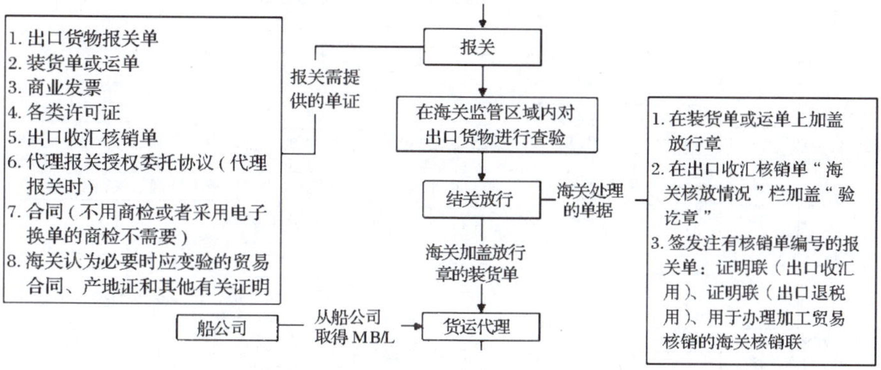

图 1-8 报关与放行流程图

在传统贸易模式下，这个阶段的重点的是单据。一方面，出口单位需要提交多达 8 类单据给海关处理，另一方面，海关处理单据后还要再交还给出口企业一部分单据，这些都将在后面的收汇和退税环节中需要用到。目前的报关资料的确比较多，但从趋势上讲，尤其是在“互联网+”的大环境下会逐步简化。

目前，报关工作有大量的专业报关行代理操作，为我们出口企业带来了很多方便。报关放行后，支付货代公司费用，获得提单。而上述的繁重劳动在“单一窗口”里已经可以很轻松解决了。

1.4.5 收汇和退税

国际贸易收汇和退税流程如图 1-9 所示。

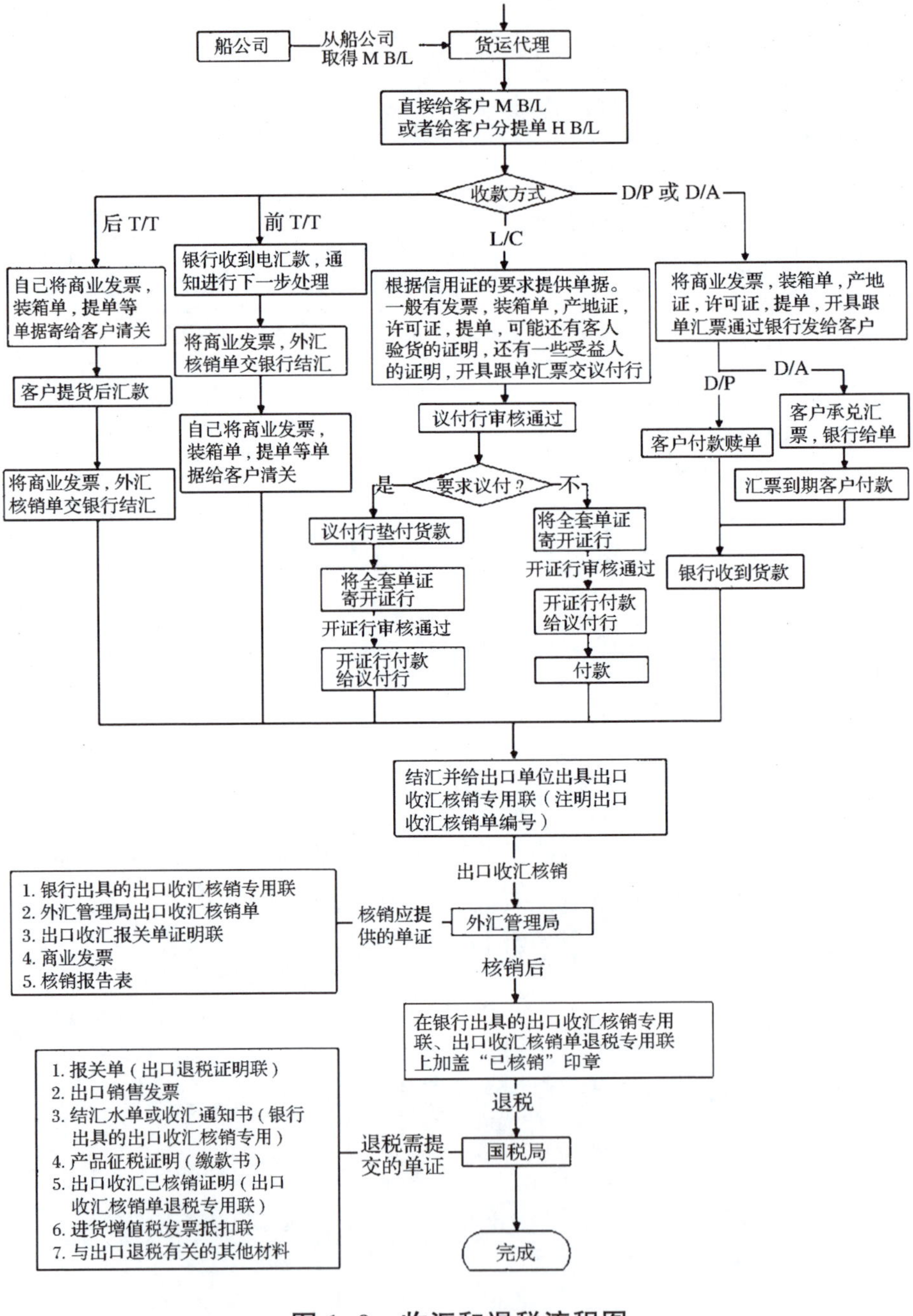

图1–9 收汇和退税流程图

这个部分分成两大块：一是制单交单来收汇；二是制单交单给国税局办理退税。

1. 收汇的前提是根据合同或者信用证来制作好相关单据。收汇方式实际上和付款方式是相对应的，分成了“T/T”，“D/P”与“D/A”，以及“L/C”项。如表 1-6 所示。

表 1-6　收汇方式与付款方式对应形式表

付款方式	制作单据的依据	单据提交对象
前 T/T	合同对单据的要求	收到合同规定的款项后，直接把单据寄给买家。
后 T/T	合同对单据的要求	直接把单据寄给买家，再等待收汇。
D/P	合同对单据的要求	将单据寄给托收行；待买家见汇票付款后，收汇。
D/A	合同对单据的要求	将单据寄给托收行；待买家见汇票付款后承兑汇票，买家收提单提货。根据收汇到期日，等待买家付款后收汇。
L/C	信用证对单据的要求	根据信用证要求制作单据后，提交给交单行（议付行），交单行（议付行）审单无不符点，则交寄开证行。开证行审单无不符点，即付款（即期信用证条件下）。

2. 退税最大的工作量是收集单据。先跑银行，结汇；在核销单上盖章证明外汇已收，拿上从银行获得的单据，以及自制的单据，到外管局核销；再拿上外管局给的单据，以及自制的其他单据，到国税局办理退税。

难怪老业务员都说，做外贸就是做了一堆单据，这不无道理。

阿里巴巴平台上就报关和退税提供了初步的解决方案，即“一达通”服务①。这个服务核心内容是为供应商提供出口代理服务。报关、收汇、退税作为基础服务，配以国内国际物流、货物和信用保险、融资服务。

一是结汇快，一个工作日就可以结汇；二是退税快，收到增值税发

① 此部分内容会在第 7 章“外贸综合服务之流程无忧”中作详细讲解。

票后 3 个工作日拿到 96%的退税款。在信用证业务下，还提供类似保理业务的买断融资服务。一达通业务在支持 B2B 方面更有优势。一达通业务中的代理业务和物流业务向全部的出口商开放，包括阿里巴巴的付费用户和非用户。而信用保险与融资业务通常需要先成为阿里巴巴的付费会员。最后，Alan 哥说有关选择开店的问题，他会在我后继的工作中讲给我，到时候我也会第一时间分享给大家。

2 为什么选择在阿里巴巴开店?

本章开始正式进入跨境电商的实操内容。本章重点探讨了选择跨境电商平台的重要依据，并以阿里巴巴平台为蓝本，介绍了如何在跨境电商平台上开出自己的展示平台（形象称为开店）、装修平台、发布商品。同时也强调了供应商认证的环节，这是保障平台供应商的真实性，保障交易真实性的重要前提。

古语云，“无商不奸”，那是信息不对称的年代。互联网下的信息不对称越来越少，取而代之的是，开放、透明、真实，这正是马云在各个场合所强调的“新商业文明”的精髓。未来的跨境电商一定是大数据为基础的生意体系，真实性将决定一个企业是否能在生态里留存。本章所强调的“真实性”将贯穿于全书、整个跨境电商，以及未来的互联网经济中。请读者仔细体会。

【引子 1】

目前比较知名的跨境 B2B 网站有哪些？

目前国内比较有知名度的跨境 B2B 网站有阿里巴巴、中国制造网和环球资源网。跨境的 B2C 网站有阿里巴巴速卖通、敦煌网等。这些都是在业内做得比较好的网站。

【引子 2】

为什么选择在阿里巴巴开店？

我：师傅，目前，市场上跨境电商平台有好多，咱们为什么选择阿里巴巴呢？

Alan 哥：最主要的原因是阿里巴巴吸引的流量特别大。我给你看一组数据作参考（如图 2-1、图 2-2、图 2-3 所示）。

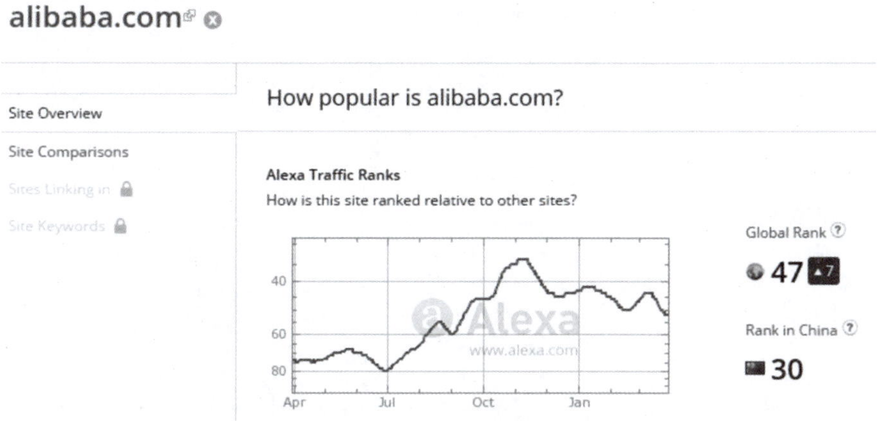

图 2-1　示例图

注：Alibaba. com 在 2015 年 4 月的全球流量排行中位列 47 位，在中国的流量排名中位居 30 位。数据来源 www. alexa. com，时间点 2015 年 4 月。

图 2-2　示例图

数据来源：www. alexa. com，时间点 2015 年 4 月。

图 2-3　示例图

注：made-in-china. com 和 globalsources. com，在相同时段中世界范围流量排名分别是 2400 位和 6200 位左右。数据来源 www. alexa. com，时间点 2015 年 4 月。

如何理解流量？拿展览会作类比，参观人数多，说明这个展览会人气旺，受关注度大。互联网的所谓流量，就相当于展览会的参观人数。流量大了，当然给用户带来的就是更多的机会。另外，阿里巴巴与速卖通之间是相互打通的。而速卖通目前的流量甚至超越了阿里巴巴。还有，几个 B2B 网站中，阿里巴巴在打通支付和物流这两个贸易大瓶颈方面是走得最扎实的。

所以，就目前这些对比数据来看，阿里巴巴是咱做跨境电商的首选平台。当然这些数据仅仅给我们自己作参考，最终决策还要多方面看问题。每个网站都有自己的优点和弱点，我们有余力的话，可以布局几个平台，可以扬长避短来应用它们。

接下来，我也会以阿里巴巴平台为基础，给你展开讲解电子商务实际操作。

阅读链接

Alexa是一家专门发布网站世界排名的网站。Alexa排名常常被引用来评价某一网站访问量的一个指标。

Alexa以搜索引擎起家，创建于1996年4月（美国），目的是让互联网网友在分享虚拟世界资源的同时，更多地参与互联网资源的组织。

目前Alexa每天在网上搜集超过1000GB的信息，不仅给出多达几十亿的网址链接，而且为其中的每一个网站进行了排名。可以说，Alexa是当前拥有URL数量最庞大，排名信息发布最详尽的网站。它的排名是根据对用户下载并安装了Alexa Tools Bar嵌入到IE、FireFox等浏览器，从而监控其访问的网站数据进行统计的。其排名数据并不具有绝对的权威性，但由于其提供了包括综合排名、到访量排名、页面访问量排名等多个评价指标信息，且尚没有而且也很难有更科学、合理的评价参考，因此，其排名获得广泛认可。

2.1 启动开店流程：认证会员+产品发布

我：师傅，今天和我说说如何在阿里巴巴上开店吧，有关这个话题，我都期盼好久了。

Alan哥：好呀，今天就谈谈这个点。在阿里巴巴平台上开店，首先成为付费会员，做好实地认证，开通会员服务。接着，也是最重要的就是要准备的产品资料信息。

叮当提醒

有一个重要的问题需要注意，就是无论你写什么内容，请一定确保你写出来的是符合实际情况的，也就是“实事求是”。因为，“符合实际”的信息会让你的信息在高效率匹配的机制中获得很大的正面收益。你现在暂时体会不到，我将会在很多场景里多次谈到它。让你加深对“真实性”的认识和应用。

2.1.1 成为付费会员，做好实地认证，开通会员服务

截至 2015 年，阿里巴巴延续收费会员制度。会员的基本名称是“出口通会员”。

“出口通会员”是需要收费办理的，按年收取，费用由基础服务费用+增值服务费用组成，具体会由客户经理根据会员公司想要的推广效果给制定合适的方案供会员选择。

接下来就是办理实地认证。这主要是为了保障阿里巴巴上的供应商身份的真实有效，为买家提供更加真实有效的交易环境，确保买家在网站上放心交易，最终也能够吸引更多的买家来进行沟通并最终促成交易。

再往下就是开通服务。开通过程如图 2–4 所示。

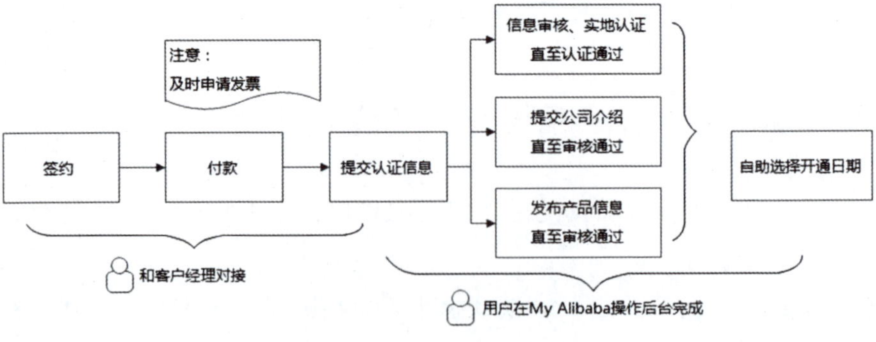

图 2–4 开通服务流程图

我：我有个担心，像我这样的门外汉，还不懂怎么用，就要让我交钱，我觉得不是很踏实。有没有一些很基础的内容给我我扫扫盲呀？

Alan 哥：你说的还真有。最起码有两个地方让你可以初步了解阿里巴巴平台。一个是平台中的服务中心页面，网址是“http：//service. alibaba. com/supplier”，在这里你可以查询到众多的基本资料，支持按主题类目查询及按照关键词查询，很方便的。还没有成为的会员的来访者也能查看。

另一个是外贸圈平台，网址是“http：//waimaoquan. alibaba. com/”。这个平台是专门为中国内地的外贸界朋友们建设的。平台的内容大致分为“问到底”、“贸易经”、“培训之家”、“外贸服务市场”和“外贸论坛”。这些内容绝大部分公开，仅有一些视频类的内容是会员独享的。

2. 1. 2　初步熟悉账号管理平台“My Alibaba”

这里的重点是发布出产品。因为“My Alibaba”是供应商管理阿里巴巴平台做生意的最重要的管理系统，涵盖了发布和管理产品、设置账号和公司信息、前台展示设计（旺铺设计装修）、数据管理、交易和物流管理、会员培训学习等，所有和咱们在网上做生意相关联的东西都在这里。所以必须超级重视这个后台，好好学习它的操作。

“My Alibaba”的结构布局如图 2-5 所示。

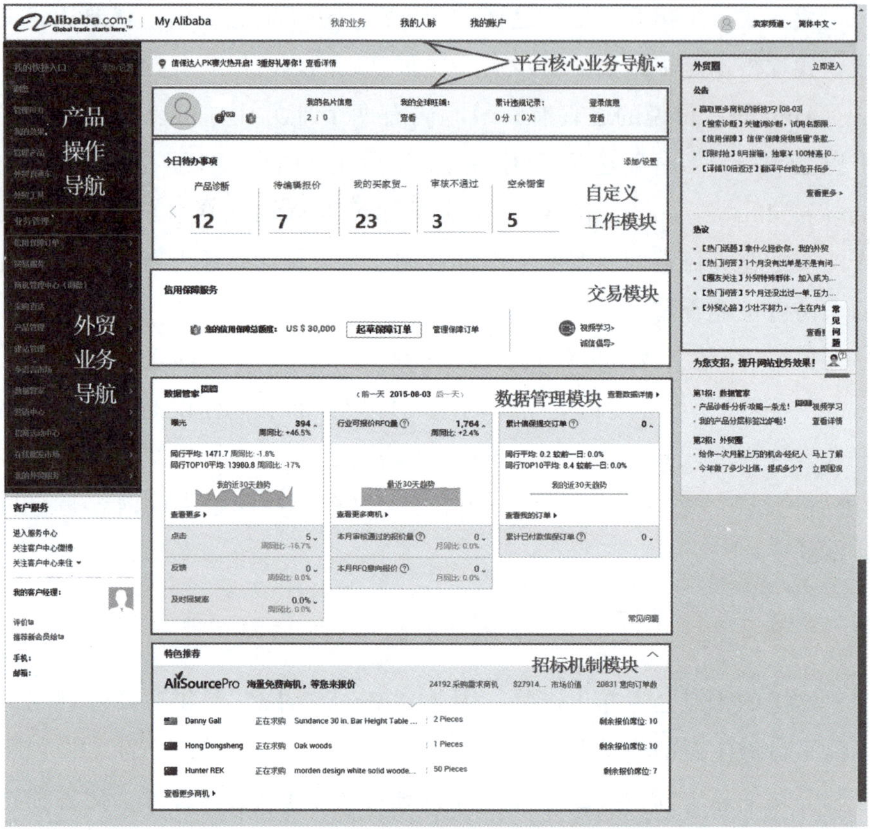

图 2-5 “My Alibaba” 结构布局图

接下来就和你谈谈如何发布产品。这个环节非常重要，因为这个操作决定了几个重要的结果：自然排名是否能比较靠前，产品是否能和买家初步需求相匹配，产品的信息是否能解决买家的初步问题而愿意给你询盘来进一步交流。

发布产品要解决几个问题：选择类目—设置产品名称—设置关键词—填写产品属性—设置产品主打图片—设置详细描述等 6 个大步骤。我每一步都用图片来表明。

1. 选择类目（如图 2-6 所示）。

图 2-6　产品发布类目选择

（1）类目的作用：用于产品的归类，产品类目选择准确是第一步。错放类目将导致买家流失。

（2）填写要求：不要放错，尽量避免放在“Others”下。

类目放错会降低信息相关性，从而使得你产品的排序靠后；放“Others”类目，买家在类目浏览时可能无法找到你的产品。

（3）常见误解：放在系统推荐越靠前的类目下，信息相关性越高，搜索结果越靠前。

实际上，是否选择系统推荐靠前的类目并不影响搜索结果，搜索出来的推荐类目是系统提供的参考，你根据自己的产品情况正确选择即可。如果系统推荐类目不符合需求，可以手动自行选择。

2. 设置产品名称。

产品名称是买家搜索的第一匹配要素，名称的设置决定了买家是否能精准地搜索定位到你的产品，换句话说（同等产品信息质量的前提下）产品名称书写是否更符合买家的搜索用词，很大程度决定了你的产品排名是否靠前。

（1）要做好产品名称和买家搜索词的相关性。

以“Snake sandal”举例：

如果买家在用“Snake sandal”搜索产品的时候，以下 3 种标题描述方式，从文本相关性上讲，都是一样的：

New model sexy woman shoes summer Snake print sandals 2014.

2014 Ladies nice snake skin hemp sole wedge sandals.

Thong sandal snake cross.

（2）产品名称中加“for”和“with”突出产品属性和用途时，核心词应在“with/for”前面。

China steel pipe export factory with astm jis din standard steel pipe.

这个名称中核心词“steel pipe”放在了最后，但是也是错误的，因为有“with”或者“for”时，系统会判断“with/for”前面的是核心词。

可以写成：

steel pipe with astm jis din Standard.

再举个正确的例子：

15mm film faced plywood for construction.

（3）产品名称长度要适当。

产品的名称能恰当地突出产品优势特性就最好。不要过短，也不要过长。买家搜索词是有 50 个字符限制的，名称写得太长了就跟买家搜索词匹配度不高。不要忘记产品名称即产品标题是买家搜索的第一匹配要素。

（4）产品名称罗列和堆砌问题：不要把多个关键词在名称中重复累加。

产品标题中含多个不同的名称，买家用这些不同的名称搜索都能搜索到该产品吗？其实这是个误区，产品名称罗列和堆砌不但不会提升你产品的曝光可能，反而会降低产品与买家搜索词匹配的精度，从而影响搜索结果，影响排序，如图 2-7 所示。

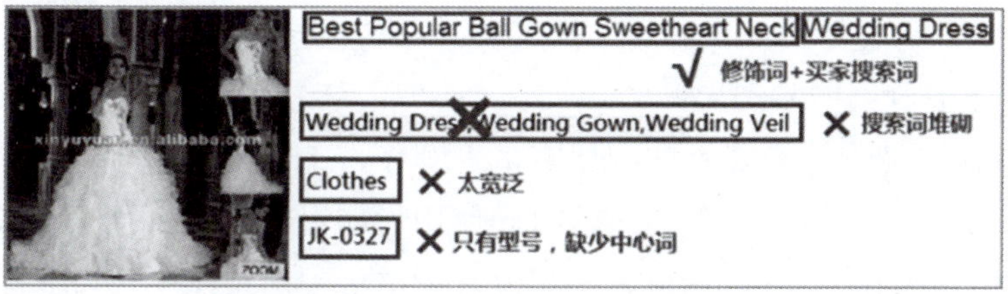

图 2-7　产品名称演示图

（5）产品名称中的特殊符号：慎用特殊符号。

产品名称中慎用特殊符号“/”、“ - ”、“( ) ”等，因为这样可能被系统默认成无法识别字符，影响排序。如需使用，请在符号前后加空格。

3. 设置关键词。

（1）作用：产品关键词是对产品名称的校正，便于机器快速识别准确抓取匹配。跟你的产品排在第几名是没有关系的。一个产品的多种叫法可以在关键词中体现，如“手机”的关键词可以是“cellphone”或“mobile phone”等。

（2）填写要求：与产品名称不冲突。冲突指不是同一产品，如“Tractors part”和“tractors”，案例类型如图 2-8 所示。

案例类型	示例	优化建议
部件用整体做关键词	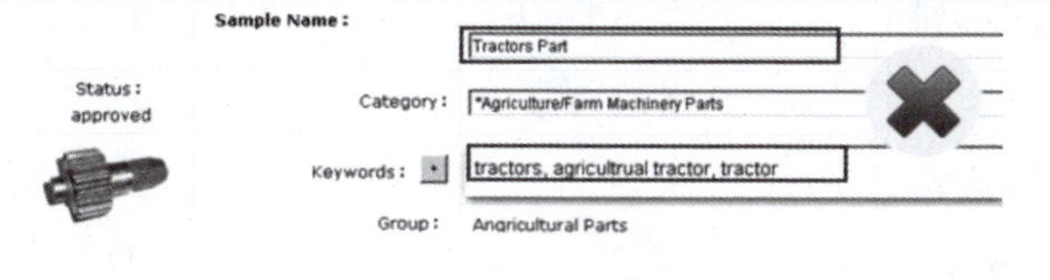	tractors part

图 2-8　案例类型演示图

叮当提醒

使用产品名称的中心词作为关键词，实在无法提取可与产品名称一样。

（3）常见误解：

①3 个关键词必须填满。

实际：是否填满并不影响搜索结果顺序，主关键词必填，另两个关键词是供你在产品有多种叫法的时候使用，如果没有则不用非得填满。

②关键词比产品名称重要，所以名称可以很简单，关键词填写好就可以。

实际：产品名称是第一匹配要素，关键词是对产品名称的校正，两者都需要认真填写。

③罗列关键词对搜索结果有利。

实际：罗列会让机器辨别不出主关键词，对搜索结果很不利，如图 2-9 所示。

示例	优化建议
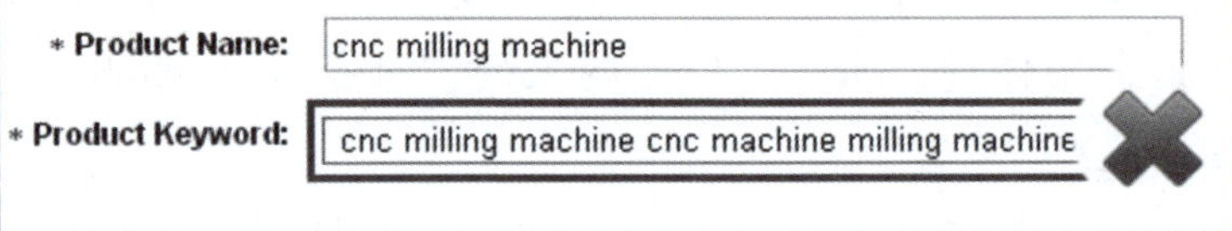	CNC milling machine

图 2-9　示例图

④用不同的或者相近的关键词不断发布产品信息对搜索排序有利。

实际：这种铺词行为会导致你在网站上出现大量的重复产品，严重影响买家体验，且产品越多管理维护的成本也就越大，会导致网站上出现大量零效果产品。产品数量越多，零效果产品的占比越大，排名受影响的程度也会越大。

⑤3 个关键词写成一样的对排序有利。

实际：3 个关键词写成一样的跟就写一个关键词在搜索中的效果是一模一样的，且关键词对排在前面还是后面没有影响作用。

叮当提醒

1. 建议选择买家常用的热门关键词，让买家快速搜索到你的产品。

2. 关键词不要太长或添加公司内部产品型号，买家较少用很长的词搜索，若产品型号非行业内通用，买家搜索热度可能不高。

3. 每个产品可设置 3 个关键词，同等重要且不分先后，不建议设置 3 个完全一样的关键词，例如：手机的“产品关键词”为“mobile phone”，“更多关键词”可设为“cell phone，mobile”。

4. 关键词不区分大小写。

5. 买家喜好度，上线后单复数会影响到排名。

4. 填写产品属性。

（1）作用：因为用于销售，产品属性是对产品特征及参数的营销性的提炼，便于买家在属性筛选时快速找到你的产品。

（2）填写要求：填全系统给出的所有属性。一个属性等于一个展示机会，所以请填全系统给出属性，必要的时候可以添加自定义属性，更全面地描述产品信息。属性字段分为标准属性和自定义属性，标准属性只能选择属性值；自定义属性的属性名和属性值都需要手动添加。

叮当提醒

自定义属性最多可以添加 10 个，产品属性信息不能包含特殊符号。

属性展示页面：你填写的属性会在每条信息的详细页面进行展示，如图 2-10 所示。

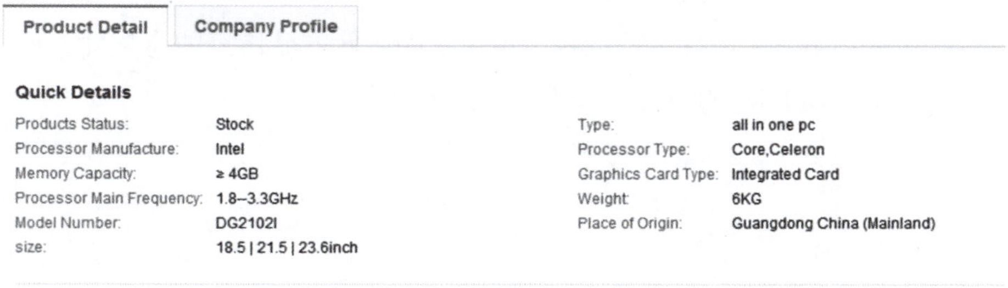

图 2–10　属性展示页面

属性筛选页面：买家通过属性筛选进行搜索的界面，如图 2-11 所示。

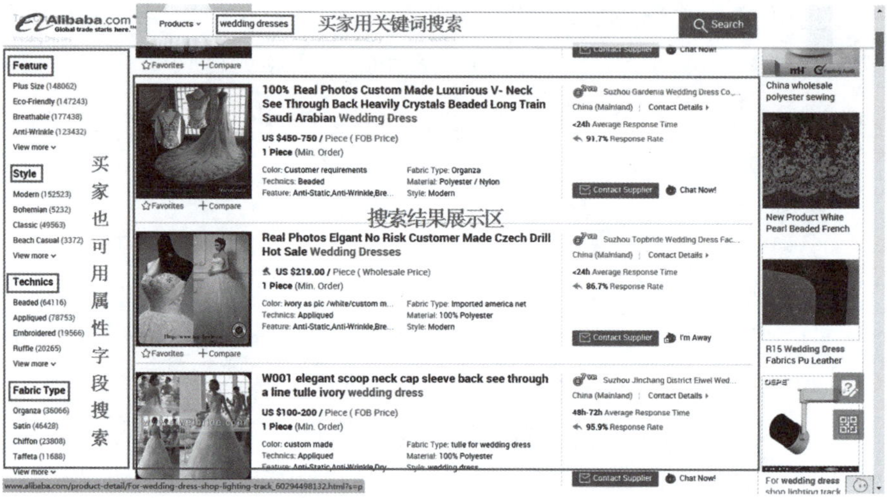

图 2-11　属性筛选页面

叮当提醒

系统属性不足时可依需要添加自定义属性，注意不要与系统属性重复。

（3）常见误解：

①属性是否填全，对搜索结果无影响，买家需要更多产品特征可以在详细描述中查看或线下了解。

实际：不填写属性字段或者少填，影响了此产品信息的完整度，从而减少系统读取这款产品及呈现给买家查看的机会。

②错误填写，如图 2-12 所示。

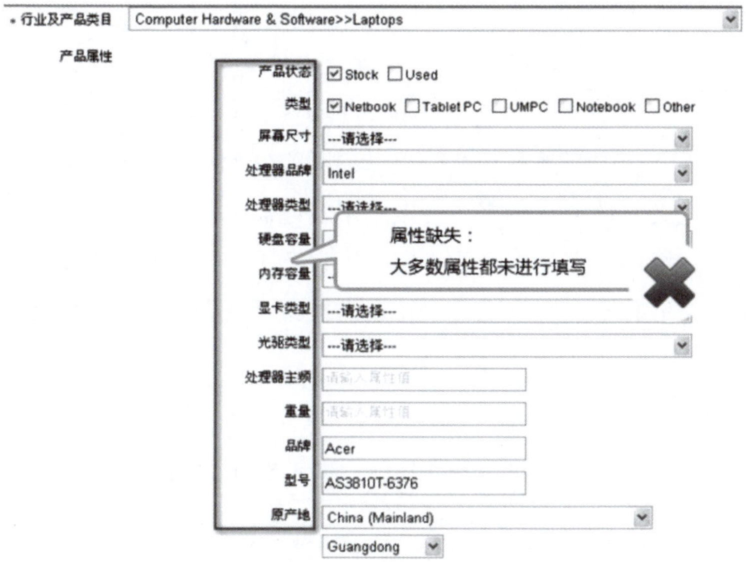

图 2-12　示例图

优化建议，如图 2-13 所示。

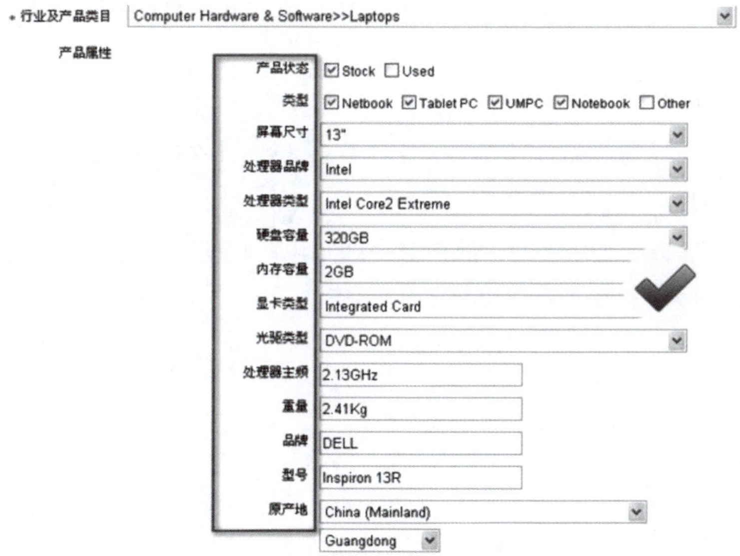

图 2-13　示例图

③属性中出现关键词可以增加信息相关性，使信息的搜索结果靠前。

实际：目前阶段，属性中是否出现关键词并不影响搜索结果的排序。相反，属性中罗列不相关的关键词会降低你产品的专业度。

④自定义属性填得越多，搜索结果越能靠前。

实际：填写自定义属性是横向给了自己更多的被买家搜索用词匹配到的概率，但并不会影响在一个特定的搜索下此条件的搜索排名结果。

叮当提醒

自定义属性最多可以添加 10 个，并可通过右侧的箭头自主决定展示顺序。

5. 设置产品主打图片[①]。

（1）作用：产品图片能直观展示你的产品，让买家在浏览产品时获得更多的产品细节特征。丰富的高品质图片大大提升买家行为转化。

（2）填写要求：

产品图片画面清晰，产品主体突出，背景干净。

产品图片与产品描述相符，多角度展示，细节展示，图片适当展现卖点（特质、亮点、认证等）。

加水印或企业 LOGO，保护自身的知识产权。

建议像素 600×600，如图 2-14 所示。

---

① 有关主打图片清晰度及相关要求本章节作做简单介绍，详见后续第 5 章“网上贸易之引爆在线批发”。

图 2-14　示例图

当然，许多产品不像婚纱一样能够这么美观地展示出来，我们还可以找辅助物品来展示。首先要考虑的是买家想要看到什么内容，其次我们再考虑如何展现。图片展示什么内容就需要作为卖家的供应商结合自身对市场、买家的了解来选择，可以总结诸如买家沟通中提到最多的问题，或者展会时买家首先会问的问题。至于如何展示，借鉴同行是一个办法，借助图片搜索工具也能够找到一些好的展示方式。如果你的产品太特殊了，那么不妨找类似的产品进行搜索，比如有客户做铁轨上的螺母，但是可以借鉴的不多，那么参考普通螺母的构图也是可以的。

（3）常见问题：

①图片不清晰，如图 2-15 所示。

图 2-15　示例图

②图片产品主体不突出，如图 2-16 所示。

图 2-16　示例图

③图片与产品不符，如图 2-17 所示。

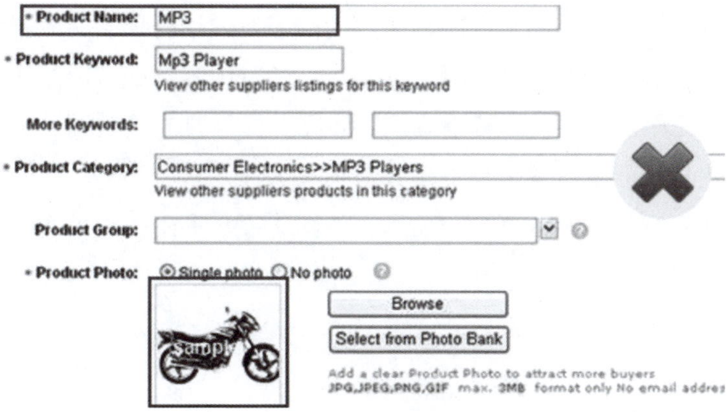

图 2-17　示例图

优化建议，如下图 2-18 所示。

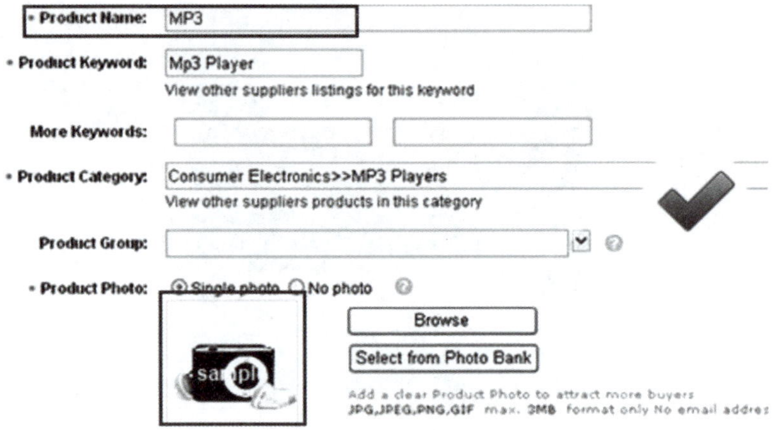

图 2-18 示例图

6. 设置详细描述。

(1) 作用：产品详细描述的目的是对产品、服务等进行多角度介绍，是全面展示产品质量、性能及企业专业度的重要途径。

(2) 填写要求：对产品要多角度介绍，文字内容要结构化。

产品表述写得详实具体，可将买家比较关注的产品的细节特征、参数、质量标准、服务、现货还是库存情况等展示出来。要明确，因为这是做生意；需要营销性的文案，毕竟这不是写说明文。

结构化表达：第一个层次是描述的内容要归纳合理，买家最关心的内容先写，次关心的内容后写，确保每一部分内容都能解决买家心头的问题。第二个层次是展示要清晰，如分段有标号且有核心词，或提炼参数表格化显示，重点突出，更多吸引买家关注。

描述内容提炼参数表格化显示，如图 2-19 所示。

Product Details | Company Profile

Packaging Details: steel with carton
Delivery Detail: Within 20 days after receiving deposit or LC

Product description

Model:	KM200GY-13	**Transmission**	
Product type:	Dirt bike	Drive System:	Chain
Engine		Gear	5
Displacement	197ml	**Types**	
Compression Ratio:	9.0:1	Front Tyre Size:	90/100-21
Number of Cylinder:	1	Rear Tyre Size:	120/90-18
Stroke:	4	**Dimensions**	
Max Power(KM/RPM):	10kw/8500rpm	Product(L*W*H):	2260*780*1188mm
Max Torque(N.M/RPM)	4N.m/6000rpm	Carton(L*W*H):	1880*460*870mm
Cooling:	Air Cooling	**Suspension**	
StartingL:	Electric	Front Type:	Normal dual shoke absorber
Ignition:	CDI	Rear Type:	Central Mono Shock(Swing Arm)
Max speed:	98km/h	**Capacity:**	
Braking		Fuel tank:	13L
Front Brakes:	Disc	40HC:	93
Rear Brakes:	Drum	40FT:	62
		20FT:	30

图 2-19　示例图

描述内容要利用编号、段落等将内容有条理展示，便于买家阅读。

例如婚纱除了介绍选材、风格的信息，还介绍配件的选择、量身定做的服务等，这些就需要用段落来呈现了，如图 2-20 所示。

Detailed Description
※
※
※

Standard Size
表格

Customized (How to Measure)
1st
2nd
3rd

How We Packed

图 2-20　示例图

描述内容要利用不同字体、字号凸显重要信息。

例如婚纱的款式及独家设计是一个卖点，那么在众多信息中，将这些字眼用加大字体、加背景色等方式凸显出来，如图 2-21 所示。

Detailed Description

※

※ Professional designer over 20 years

※

Standard Size

表格

Customized (How to Measure)

1st

2nd

3rd

How We Packed

图 2-21　示例图

描述内容要利用图片更生动展现产品，最多可上传 15 张图片。

例如婚纱，你文字描述再生动，不如图片来得直观。建议图文结合，将买家关注的信息，如细节、面料等展示出来，如图 2-22 所示。

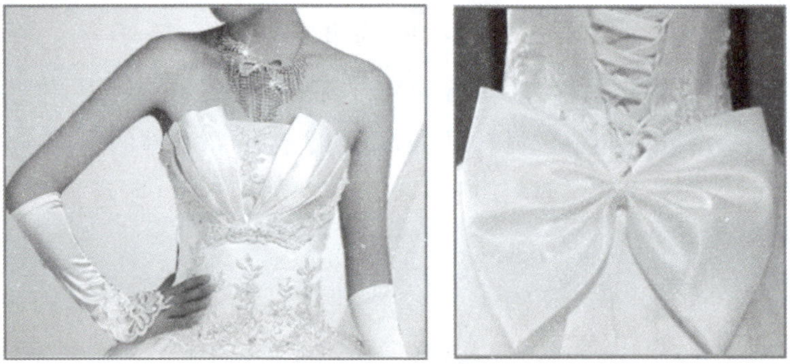

图 2-22　示例图

叮当提醒

标题分明、核心词明确的写法更利于买家阅读（特别是对于非英语母语国家的买家）。详细描述支持富文本编辑，50000 字符，可使用自带功能插入表格和图片，可上传 15 张图片，可在内容中填写 url。建议不要用图片代替文字描述，因为机器是无法阅读图片的，这会使机器认为你的描述过于简单而降低选取你产品的概率。大段参数建议用表格方式呈现。

（3）常见误解：

①详细描述字数写得越多越长，搜索结果越能靠前。

实际：字数多与少，和信息是否有用，是两个层面的事情。所谓“信息有用”，是指能解决买家的疑问。越能解决问题的信息越受买家欢迎，其行为转化率越高，从而才能使机器更好地判断你的信息。单纯地用字数来衡量没有实际意义。

②在详细描述中仅填写公司介绍，如图 2-23 所示。

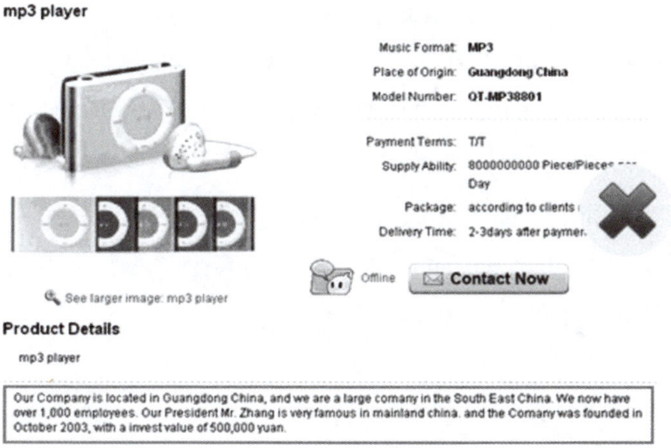

图 2-23　示例图

做完以上这 6 步，产品就发布出去了。24 小时之后，审核通过，则产品上线。也就是说，上线后的产品就有机会被搜索到、被买家看到（曝光）。

Alan 哥给我讲解产品发布的全步骤后，还特意提醒我，千万不要发布审核通不过的产品。

Alan 哥：审核通不过的原因有多种。

第一种，是因为文字信息涉及其他品牌或者商标等信息的，查看产品所有文字性内容中是否有出现品牌信息。如果没有获得授权，要删除此类产品，后期也不要再发布此类信息。

第二种，是因为图片涉及其他品牌或者商标等信息的，查看产品图片和详细描述的图片信息中是否包含了别的品牌信息，如果没有获得商标所有人的授权，处理方式同上。

第三种，是因为限售被退回，要查看文字或者图片是否出现限售信息，如果没有获得授权，要删除此类产品，并且后期不要再发布此类信息。限售产品包含但不限于：医疗器械、烟花爆竹、音像制品、非处方药、减肥口服用品、警用品（警用器械、警用防弹防暴系列、带有警徽的其他产品）等。

第四种，是因为禁售/图文不符被退回的，删除此类产品。

以上这些情况如果发生，按照下列路径就能看到并提示你处理：

登录“My Alibaba”→产品管理导航→管理产品→审核不通过→退回原因。

Alan 哥和我说，如果想成为名真正的好的业务员，还需要在“http://service.alibaba.com/supplier”里面向高手学习，与群友交流，这样才不会变成一个孤单、无助的外贸业务员。

2.2 公司基本信息和认证

Alan 哥：小钧，对于买家来说，互联网帮助买家极其方便地获得海量供应商信息；而另一方面，过量的信息中真假难辨，给买家的甄别工作带来了巨大的压力，买家根本没有因为互联网变得轻松起来。物以稀为贵，所以供应商的真实信息在互联网里是很金贵的。

我：你说得对，我在网上买东西，看着都差不多的，真的假的好难分辨。问题是，很多人的信息有掺假的，如果我们很真实，我们会不会吃亏啊？

Alan 哥：你的担忧也不无道理。我想从两个方面来探讨下，我们公司信息的真实，会不会最终让我们吃亏。一是阿里巴巴的社会角色对它自身提出的要求，二是机制保证。

阿里巴巴的角色是为买卖双方撮合交易。如果它的信息长期失实，短期内不排除能撮合几单，但长期来讲自身一定会被市场淘汰，所以真实性是阿里巴巴生存和发展的基石，是自身的内在要求。从机制保证层面讲，凡是真实的信息，都尽可能地推荐给买家。比如通过搜索排序机制往前排，从而有更多的曝光机会；一些互联网产品用户群体优先提供给信息真实的供应商；运营资源和流量优先或者专门留给信息真实的供应商。之所以这么做，核心原因就是作为平台一定要帮助用户高效地获得真实的信息。

我：那阿里巴巴需要我们提供哪些真实信息呢？

Alan 哥：可以分成以下几类。

第一类，阿里巴巴要求必须提供的。真实准确的公司名称、公司地址、成立时间、经营场所、经营模式（生产型、贸易型、工贸结合型）、主营产品、已有的主要国际市场、员工人数、生产能力、研发能力等。

第二类，我们自身可以选填的。我个人认为这些都是营销性质的信息，对我们赢得用户很有帮助的。阿里巴巴也能通过这些信息帮助我们作推广的。比如公司工厂外观、厂房（办公环境）、车间、重要生产线、仓库（样品间）、参加展会的图片，拳头产品照片、企业自有的认证证书、产品检验检测报告等；也可以添加员工集体照片，尤其是业务员的照片。

第三类，比较隐私的信息。比如银行水单，能证明我们把货物卖到哪里去了，这就验证了主要国际市场的信息；报关单，证明我们供应商的产品分布和贸易能力。这些数据不必多，有几份就行。这样，阿里巴巴的运营人员就能更好地为我们引流和我们更相关的市场和产品，对我们是有好处的。

我：如果我是阿里巴巴工作人员，我一定会犯嘀咕，这些信息都是供应商自己填写和提交的，如何保证这些信息的真实性呢？

Alan 哥：对的。这个问题很要紧，而且解决起来有点难。通常会有这么几条路径来走。一是，传统的模式，阿里巴巴寻求和第三方合作来检验供应商的企业信息。他们为此还开发了“金品诚企”的服务，当然是向供应商收费的。这个模式的优点是速度快；缺点是成本高、难更新。对它本身来说，推进速度也慢。二是，传统的方式，向第三方获取数据。比如和银行、外管、海关等合作来获得，但是也存在部门利益的羁绊，推进也不快。三是通过在线交易本身积累的数据，但是交易开始不久，还不能大面积地应用。四是互联网手段，利用买家和卖家之间的互动行为数据，来动态地检验供应商信息的真实性。这有点像目前比较火的“点赞”行为。比如我们公司明明是不出口到俄罗斯的，但我们写了这样的信息。通过多轮推广，我们的产品所获得的买家的点击反馈不如那些真正出口到俄罗斯的产品更多，那我们的这些信息失真的产品的排名权重也会降低。这种就是通过用户的行动来检验的。这种方法优点是，能动态检验、更新快、买家和卖家的经济成本都很低；缺点是太漫长、对算法要求高、需要建设多种互动场景，对产品设计人来讲是个很大的挑战。

我个人感受，面对互联网的发展，与其把数据藏着掖着，还不如展示出更真实的一面，尽早地把我们真实的数据通过互联网的产品把它们变得对我们自己更有用。这其实是互惠互利的过程。随着阿里巴巴的一达通业务和信保①业务的逐步发展，会有越来越多的真实的信息沉淀在阿里巴巴平台上，到那个时候再提供，已经没有什么价值了。

叮当提醒

卖家应做到：第一，为了自身能被平台更看重，主动地披露真实的信息；第二，可以选择性地提交，但是所提交的一定是真实的。

我：这样看来，大势所趋啊。那如何提交公司基本信息呢？

Alan 哥：用主账号登录“My Alibaba”操作系统→建站管理→管理

① 一达通业务和信保业务在第 7 章“外贸综合服务”有详细讲解。

公司信息模块提交。

公司信息包含五部分：基本信息、贸易信息、合作工厂、展示信息、证书商标及专利模块等。

我：那你前面谈到的第三方认证，能再说说吗？

Alan 哥：阿里巴巴推出的第三方认证叫做“实地认证”。其目的是为了完善供应商准入机制，保障网站供应商身份真实有效，为买家提供更加真实有效的交易环境，确保买家在网站上放心交易。同时对网站前台展示的信息进行审核、监督、举报。

“实地认证”是由阿里巴巴和第三方认证公司共同完成的，第三方认证公司包括中德、中诚信、CBI 等。但也有可能存在合同期满换合作对象。

其中，阿里巴巴的客户服务人员仅仅只是实地收集和记录信息。而对于认证信息的审核，如营业执照是否真实有效，法人代表、被授权人是否真实，产品或体系认证是否真实有效等，均通过第三方认证公司来完成认证核实。

我：实地认证后，信息放在哪里呢？

Alan 哥：问得好。每家认证通过后的客户，经过认证公司核实的相关信息会展示在网站上。页面信息访问路径是：“Company Profile”里，可以通过认证标志进入认证信息页面，如图 2-24 所示。

图 2-24　示例图

是否通过“实地认证”也是搜索结果的展示字段之一，买家在网站通过关键词搜索或者卖家搜索，在搜索结果页面上如果经过实地认证的卖家都有实地认证通过的标志，如图 2-25 所示。

图 2-25　示例图

Alan 哥从我第一天进公司起，但凡有时间就抽空给我讲跨境电商的相关知识及开店的知识。几周下来，我不但对跨境电商有了一定的了解，还对在阿里巴巴上开店有了一定的认识。我相信我的外贸工作顶着一缕阳光，一只小菜鸟正在不断地成长。

3 网上贸易之玩转询盘

外贸询盘在跨境电商中是非常重要的一个环节，它关系着客户的识别、商品细节沟通、价格磋商、贸易条款的协定等。所以，在电商平台上，卖家非常关注有多少询盘、询盘的质量等，这是他们重要的客户及订单来源。

在阿里巴巴平台上，哪里可以查看和回复询盘？怎样发布和优化产品才能获得更多询盘？通过接收到的询盘是否能识别买家质量、订单大小？在和客户进行询盘沟通时，涉及价格、订单量、贸易条款、运输条款等很多信息，如何沟通才更高效？凡此种种网上询盘沟通的方法和技巧等，我们都会在本章节中，结合一些具体示例一一作介绍。

跨境电商贸易中难免会收到形形色色的新询盘，虽然针对询盘每个人的处理方式不尽相同，但希望读者在看完本章节之后，能够在处理询盘的方法论上有所获益，并能总结出一套适合自己的操作方式，更轻松地驾驭网上贸易询盘的识别和沟通，获取更多询盘和订单。

【引子】

人物1：外贸新手小芽（陈述者），外贸公司询盘业务员，经验指数为1。

人物2：资深外贸人士Tom哥，在小芽的“贿赂”下，顺理成章的成为了她的师傅。

今天一来到公司，老板就分配了一个询盘工作给我，让我赶紧去跟进一下。作为一名外贸菜鸟，我此时此刻心情无比激动：老板这么快就把这么重要的环节交给自己去完成，也是对自己能力的肯定呀，想想都很美好！但接下来就犯愁了，哪里看询盘？怎么回复呢？看来这还得请教一下我的师父——一位坐在我旁边的资深外贸人士Tom哥。

我：Tom哥，老板说分了一个询盘给我，可是这要在哪里看呢？

Tom哥：在阿里巴巴平台上看呀，因为我们公司目前的B2B网站推广只做了这一家。查看询盘的路径很多，先教你一个吧，你打开网址“www. alibaba. com”，鼠标放到顶部“My Alibaba”后可以看到下拉菜单，点击第一个“Message Center”，就可以看到你的询盘列表了，列表如图3-1所示。

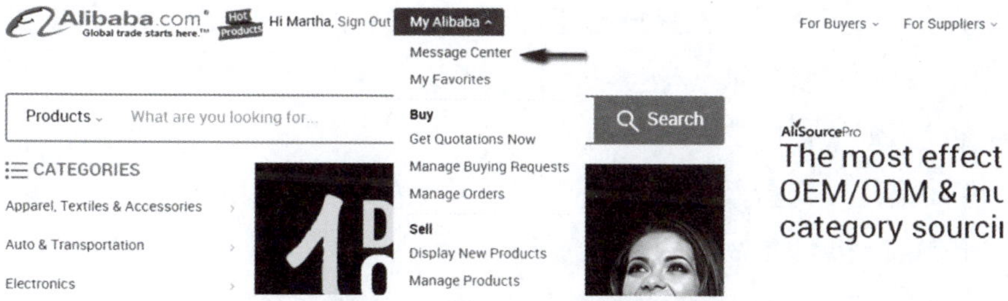

图3-1　询盘列表示意图

其他还有两种常用的方式找到询盘，一种是先登“My Alibaba”，从左侧栏的“Messages & Contacts>Messages”点击进入；另一种是当你收到询盘的时候阿里巴巴会发一封询盘通知邮件到你的注册邮箱里，你从邮件里点击“Reply Now”按钮可以直接到达这条询盘的沟通页面。

有了Tom哥的指引我轻松找到了我的询盘。可这个询盘只有一句话，直接问我价格，能不能提供OEM①服务，这比我想象的简单太多了。我记得大学里学外贸理论的时候是这样解释询盘的：

“询盘（inquiry）也叫询价，是指交易的一方准备购买或出售某种商品，向对方询问买卖该商品的有关交易条件。询盘的内容可涉及：价格、规格、品质、数量、包装、装运以及索取样品等，而多数只是询问价格。所以，业务上常把询盘称作询价。询盘不是每笔交易必经的程序，如交易双方彼此都了解情况，不需要向对方探询成交条件或交易的可能性，则不必使用询盘，可直接向对方发盘。询盘可采用口头或书面形式。”②

我把我的疑惑和Tom哥说了一遍，Tom哥说，现在网上发过来的一些询盘确实比较简单，问价格的较多。如果询盘信息不够全面，比如没有告诉你他需要的数量、产品要求等信息的话，你可以就他询盘的产品作一个初步的阶梯报价，顺便再问一下他对产品尺寸、工艺、包装等是否有特殊的要求，如果有特殊要求的话，等需求确定了再给他一个准确的报价。

于是，我要来了产品图片、描述和价格，给客户做了一份报价单发了过去。做到这一步，我自己还是颇有成就感的，期待着客户能够快速下单，这样，我的第一笔生意就达成了，老板就会给我发提成了。我沉浸在美好的憧憬中……

可是这个询盘回复出去后，接连几天买家都没有给我回邮件，让我好生郁闷，我问Tom哥怎么会这样？

Tom哥：这种情况也是常有的，买家一般都会给几家供应商发询盘，从里面挑一两个来继续跟进，可能我们的报价不如别家有吸引力。

我：那你碰到这种情况一般怎么处理呢？还要继续跟进吗？

---

① OEM：是Original Equipment Manufalturer的缩写，指一家厂家根据另一家厂家的要求，为其生产产品和产品配件，亦称为定牌生产或授权贴牌生产。

② 定义出自百度百科。

Tom 哥：我一般会再给他发一封邮件，确认他是否收到了我们的回复，另外问他对我们的还盘的想法，有任何需求我们都会尽力满足之类的。

于是我又给客户发去了一封邮件，希望能够把他追回来。可是，几天过去了，依然没有收到新的询盘，Tom 哥他们这些资深外贸人倒是时不时有询盘，看来我得找机会再向他们请教一下才行。

3.1 外贸询盘之规则

中午吃完饭后，Tom 哥通常要喝杯咖啡，我吃完饭后就顺便去买了两杯咖啡，准备孝敬孝敬他老人家，顺便向他取取经。

我：Tom 哥，我看你们每天好像都有询盘在跟进，但我这好几天了，才一个询盘，怎么样才能收到更多询盘呢？

Tom 哥：这个说来话长，我们公司询盘的规则你清楚吗？

我：不清楚呀！

Tom 哥：是这样的，按我们公司的做法，老板会把某系列的产品划给你，你登录到阿里巴巴平台上看过你有哪些产品吗？

我：老板说让我先做枕头系列，但我还没在平台上看到分给我的产品。

Tom 哥：你登录到阿里巴巴→产品管理→管理产品，就可以看到你的产品了。

于是我迅速登录上去找到了我的产品，目前我有 3 个产品：一个普通的枕头、一个枕套，还有一个 U 型枕。

Tom 哥：有了产品，就是等着买家来找到你的产品，并且对你发的产品感兴趣，就有可能给你发询盘了。

我：那买家怎么找到我的产品呢？

Tom 哥：这是个好问题！买家如果知道阿里巴巴网站，他们直接上网站后，主要通过两种方法找到你的产品。一种是浏览类目，一层一层往下找到你的产品。阿里巴巴首页左侧有个“Categories”，就是类目浏览的入口，如图 3-2 所示。

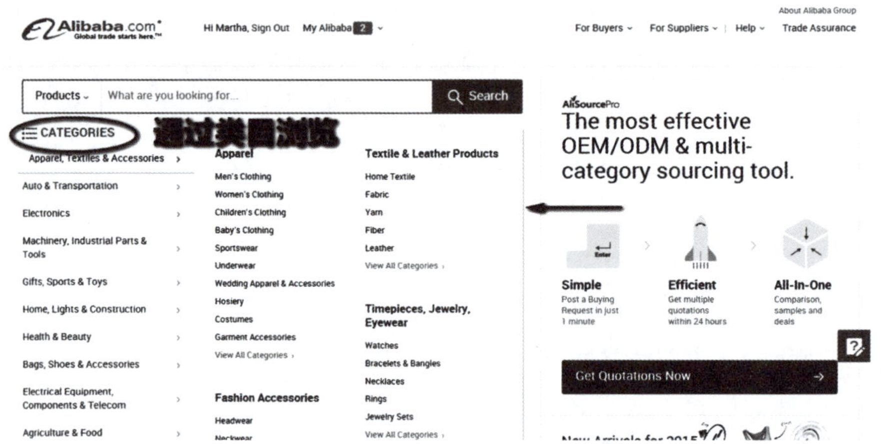

图 3-2　类目浏览入口示意图

我：那就是说我在发布产品的时候，类目要放对，买家才容易找到我的产品？

Tom 哥：对，你在发布产品的时候，类目填写对了，不仅有利于买家通过浏览类目找到你的产品，而且对于我接下来要跟你说的另一种找到你产品的方式也很重要。前面说过了，买家如果直接到了阿里巴巴网站，他可以通过浏览类目找到你的产品，还有一种更为常见的方式就是在搜索框中输入他们想要的产品，通过搜索找到你的产品，如图3-3所示。

图 3–3　搜索界面

搜索栏在阿里巴巴的所有页面都有，可见买家通过搜索找产品的常用性和重要性。

对于不知道阿里巴巴网站的买家，他们可能通过搜索引擎来找产品，比如通过谷歌搜索某个产品，有可能就直接到阿里巴巴的搜索 List 页或者你的产品详情页了，这个方式我后面再详细跟你讲，现在你主要就是要完善你在阿里巴巴网站上的产品，确保无论买家通过浏览类目还是搜索，都有可能找到你的产品，而且产品排名足够靠前。

听 Tom 哥一席话，我有种醍醐灌顶的感觉。同时也深知自己需要学习的类似知识还有很多。

我：我看仓库里有那么多枕头，但现在才发了 3 个到阿里巴巴网站上，我可不可以把别的枕头也发上去？

Tom 哥：对，你可以做一下整理分类，把产品尽可能全地发到阿里巴巴网站上去，这样，就有更多机会让买家找到你的产品了。不过呢，发布产品①也有很多学问，下面这几点是基础，你先做到这些，后续你可以看一些网上的攻略来进一步提升了。

1. 类目的选择：采用产品名称越准确，推荐的类目相关性越高，避免放在“Others”下；尽量选择最小的类目，这样能够提高准确度。

---

① 有关产品发布已在本书第 2 章“在阿里巴巴上的开店流程”中详细讲解，本节相关内容是为结合询盘知识而进行的知识点巩固。

2. 产品名称：与买家的搜索词相匹配；体现更多的产品特征、产品卖点等修饰；建议产品名称包含：营销词+卖点词+特性词+产品关键词。

3. 产品关键词：填写合适的关键词，以便用户能找到产品。选择关键词可以尝试的途径：数据管家——行业视角，选择关注行业后查看不同国家买家热搜词、搜索上升最快词及零少词等；数据管家——我的词，这里会显示你已经使用的关键词和买家通过搜索找到你的词，以及该词的搜索热度和卖家竞争度；我要销售——发布产品时，输入产品名称后，单击“产品关键词”或“更多关键词”，会弹出关键词列表——出现“热门搜索词”和“蓝海词”，你可在其中选择。

4. 产品主图：图片要清晰、背景要干净（一般用白色背景），突出产品主体，并与产品描述相符；建议像素 600×600。

5. 产品属性：是对产品的特性及参数的标准化提炼，便于买家在属性筛选时快速找到你的产品。最好填完整系统提供的属性，必要时可以添加自定义属性，更全面地描述你的产品信息。

6. 产品详细描述：详细描述产品细节特征、参数、质量标准、现货/库存情况、产品认证等；可以结构化、多角度介绍产品，要层次分明、条理清晰，有的地方可以用表格化的方式进行展示。

我：好的，Tom 哥提供的这几点发布产品的信息太全面了，我真是需要仔细消化一下。把该填的信息都尽量完整、准确地填上去。

Tom 哥：对的，先把这条产品线该有的产品都发上去，然后你可以在数据管家看到你的产品的排名、曝光、点击、反馈等情况，你到时候再针对产品具体的表现做一些优化，尽量提升排名和询盘转化，这个等你把产品发上去后，我再跟你详细说，那样你会有感觉一些。

对 Tom 哥一番感谢之后，我赶紧回到办公室准备发布产品，先把基础建设做好再说。

接下来的几天，我都在忙碌着进行产品拍照、美工、产品描述、整理，然后发布到网站上，感觉自己都要成产品发布达人了。不过也有不少感慨，现在公司诸事只能自己上，图片处理得难免有些粗糙，要是有专门的人进行产品拍照、美工的话，效果应该更好吧！不管怎样，还是挺有成就感的。

俗话说，有付出就有回报，我的辛苦付出还真有回报了！今天一早来上班，就看到了一个询盘，看上去质量还不错，是一个印度客户，他需要一个 40 尺柜的橡胶枕，3000~4000 个枕头，还附图给了我他想要的颜色、材质和款式等。对我这个新手来说，要是做成这单生意就太棒了。Tom 哥也说这个询盘质量不错，让我好好回复。我整理了一个报价单，给买家发过去了，感觉还是蛮认真诚恳的。报价单如图 3-4 所示。

Quotation（报价单）

Date：2015-03-10

Product	Photo	Size cm	Weight kg	Packaging			FOBSHANGHAI	CIF Nhava Sheva
				Packaging	pcs/ctn	carton size		
White standard pillow		70*40*14	1.7	inner pillowcase（without zipper）+outer pillowcase（with zipper）+nonwoven bag+color card+carton box	10	70*42*77cm	15.4 USD	15.65 USD
Pink standard pillow		70*40*14	1.7	inner pillowcase（without zipper）+outer pillowcase（with zipper）+nonwoven bag+color card+carton box	10	70*42*77cm	17.6 USD	17.8 USD

Notes：

1.Payment Terms：30% by T/T in advance as deposit, 70% after shipping.

2.Tolerance on size:+/-3%，Tolerance on weight: +/-8%

3.Shpipping Terms：Delivery time is 30 days after deposit is received

Pillowcase (inner) -mesh cloth

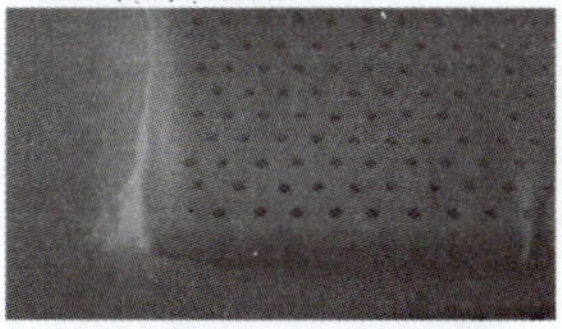

Pillowcase (outer) -knitted fabrics

PVC non-woven bag+color card

图 3-4　报价单

3.2　外贸询盘之提升询盘量

忽然想起来，那天 Tom 哥说等我的产品都发上去后会教我一些其他的技巧来提升询盘量，Tom 哥现在看上去不太忙，心情也不错的样子，我就又找他聊了一通。

我：Tom 哥，你那天说等我的产品发布上去后会再教我一些提升产品排名和询盘转化的技巧，快赐予我这些法宝吧，哈哈。

Tom 哥：你这个小朋友还确实挺勤奋好学的，我这多年修炼的绝学现在就传授给你吧！先和你说下如何提高产品的曝光、点击和反馈吧。基本可以分为如下三步走：

3.2.1 如何提高产品的曝光

1. 分析公司整体曝光情况。

登录“My Alibaba” → 数据管家→ 我的效果，进入默认的效果统计页面，查看整体的曝光情况。

如果你的行业下的产品曝光是低于行业均值的，可以结合该类目下的产品数进行判断，如果产品数大于一周曝光量总和，则说明单个产品的曝光有待提高。

2. 精准定位问题产品。

首先，打开我的产品——零效果产品板块，优化零效果产品（零效果的含义是指访客、曝光、点击、反馈均为零的产品）；其次，进入“My Alibaba “→我要销售→搜索诊断工具，查看是否有问题产品的提示，将问题产品按提示进行优化；最后，有类目错放和反复铺货情况的产品会降低公司整体的信息质量，从而影响公司产品排名，因此请务必关注！

3. 找准解决方案。

单个产品优化思路：可结合热门搜索词、行业视角——热搜词、零少词来获取关键词，例如通过查看我的词，及时调整已设置的无曝光的词。

增加曝光渠道：通过了解买家行为入手。了解访客详情，关注 TOP

搜索词及访客的行为来设置公司、产品信息，更利于获得曝光。使用网站产品多渠道发布获得曝光，发布多语言产品：充分利用五大原发市场：西班牙语、法语、日语、俄语、葡萄牙语获取更多商机。

3.2.2 如何提高点击量和反馈量

注：点击率=点击量/曝光量

1. 影响到点击量的主要因素有：

（1）产品图片，建议拍摄清晰美观的产品图片。

（2）产品名称，建议尽可能体现产品的优势，比如获得×××证书，有何特殊材质、用途，等等。

（3）“Trade Manager”① 是否在线以及最小起订量等，这些在搜索页面上买家第一眼就能看到的信息都是影响点击的因素，建议工作时间“Trade Manager”尽可能在线，同时最小起订量可以设定比较适合大多数买家的需求。

2. 影响到反馈量的主要因素有：

（1）产品详细描述，建议在详细描述中尽可能详细地展示该款产品信息，包括材质、颜色、用途等。

（2）产品属性，尽可能填写完整。

（3）公司信息，建议把公司的实力，包括外贸经验、出口市场、客户群等信息都展示在公司企业网站中。同时如果有一些证书，比如“CE”、“ISO”，你可以添加在公司介绍模块下的栏目中。

3.2.3 橱窗产品的设置和优化

我们公司主要系列的主打产品都有设置橱窗产品，这个系列你也

---

① Trade Manager：是阿里旺旺的国际版，主要是阿里巴巴出口通或速卖通用户与海外买家沟通的即时通讯工具。

有，会在“Minisite”[①] 首页展示，橱窗产品在排序上比同等条件的普通产品优先，你可以重点优化一下。橱窗优化时，和其他普通产品一样，下面两点是要遵循的：

1. 文本相关性。

这是产品信息进入搜索的基本因素，其中主要包含标题相关性和类目相关性。例如：当用户输入一个关键词，如“pillow”，返回的产品标题中肯定需要包含“pillow”这个关键词，类目也需要放在“pillow”类目下。在产品信息中单纯的重复使用关键词，对产品排名无效。错误理解文本相关性，导致关键词堆砌，反而会引起产品信息质量降低影响搜索排序，严重的会导致产品降权。

2. 产品信息质量。

完整度指在发布产品时能够真实、完整地填写便于买家快速做出购买决策的项目（如标题、类目、属性、图片、详细描述、交易条件等）。专业度要求填写各项目时按照买家的信息需求及阅读习惯，并不是属性填得越多专业度就越高，将买家最关注的特征描述清楚就好。填写太多的重复信息，或不必要的自定义属性，不但不会提升完整度，反而会影响专业度。

也就是说，你要检查橱窗产品的这些信息是否 OK，从而提升橱窗产品的转化。检查标题、类目的相关性（标题不要写错，类目不要放错，标题不要罗列堆砌，两个完全不同的产品写在一个标题中也是不行的）；优化产品信息质量（属性信息的完整度、描述是否清楚、图片是否清晰），高质量产品介绍一定是能够帮助买家更容易作判断，并提高整体产品信息的竞争力（站在买家的角度思考，比如不要有重复产品、侵权图片等）。

---

① Minisite：国际上普遍用“活动网站”或“会议网站”来代替这种叫法，知名企业为了配合企业的市场运作活动，会推出一些小型网站也就是 Minisite 进行线上营销。（摘录自百度百科）

叮当提醒

还可以付费做一些外贸直通车产品推广（P4P 产品推广）。

经过 Tom 哥这么一说，我才发现阿里巴巴上数据管家之类的工具我都还没用过，真是学无止境啊。我赶紧去看了一下“My Alibaba”里的数据管家，了解了我的产品的排名、曝光、反馈的情况，把橱窗产品进行了优化，一些无效果的产品也作了优化。有了 Tom 哥针对性的建议，操作起来还是比较容易的。

这些天我基本上把产品信息发布完善了，正闲来无事时，老板宣我去他的办公室。我是心生忐忑，难道是老板因为这么久没有接单要训我？只见老板满脸笑意招呼我坐，我的忐忑顿时去了一半。老板说：“你这段时间很努力，我在阿里巴巴后台看到你把产品信息都发布完善了，非常不错！做外贸有时候也需要一点运气，暂时没有订单没关系，我们有广告投入的，你去挑几个产品，让小王给你投 P4P，这样询盘效果会比较明显的，加油，我看好你哦。”

从老板办公室出来，我心里乐开了花。去和王姐沟通了一下 P4P 的投放，她在这方面很有经验，我就坐等收询盘了。

经过这些天的努力，我的询盘逐渐多了起来，差不多每天都有一两个询盘，秘鲁、新加坡、德国、印度……收到了好些个国家的询盘，回复了以后，有的石沉大海了，有的沟通两三个回合，就没有下文了。我不知道是不是自己在回复询盘上出了什么问题了，无奈又得向专业又 Nice 的 Tom 哥求助了。

3.3　外贸询盘之转化技巧

我：Tom 哥，我这几天收到的询盘倒是不少，但都没有成单，询盘沟通上有没有什么技巧呢？

Tom 哥：确实有一些技巧，我这里也收集整理过一些询盘回复技巧。

首先，你收到一个询盘时，要对买家背景进行一些分析，下面是常用的方法：

3.3.1 从询盘沟通中分析买家背景

询盘案例分析如图 3-5 所示。

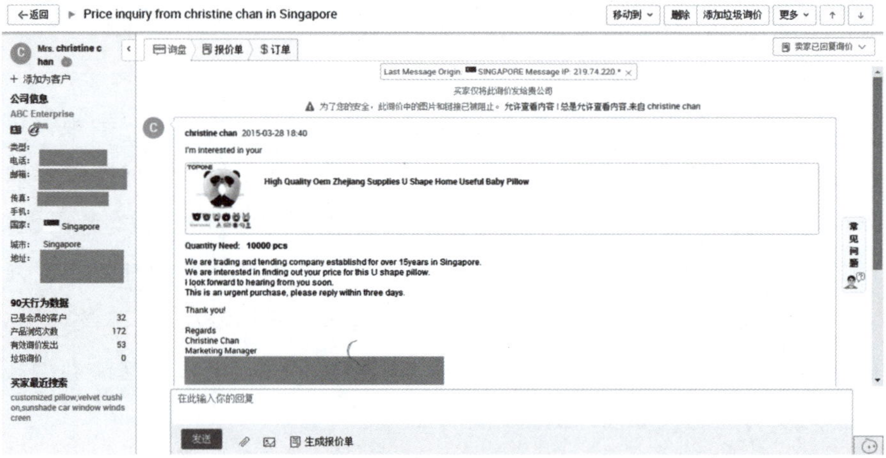

图 3-5　询盘案例

1. 拿到询盘先看 IP 注册地和实际发送地能不能对得上，是哪个国家的买家。

买家说“We are trading and tending company establishd for over 15 years in Singapore”，主要进行贸易和招投标的公司，在专业度方面可能不足，这类公司的回复一般都会很慢，期望值不要太高，因为他们通常要搜集很多公司的信息后才能去选择。

叮当提醒

回盘时可以更主动做一些推荐和产品专业知识的介绍，而不是简单给个价格。记得公司优势这块也不要忽略哦。

用公司名、客户邮箱到搜索引擎里面查，寻找更多有关客户的信息，比如客户的电话。“Free member 13 years”，从客户的注册年限来看是一个具有13年会员经验的买家，电子商务采购经验非常丰富，买家的真实性也可以从这里作个参考。

“This is an urgent purchase, please reply within three days”，紧急采购，要求3天内回复。说明买家是结果导向的，可能是没有时间给你确认信息的，如果感觉很多信息要确认后才能报价，尽量电话确认，邮件给到买家的一定是最终买家想要的。

另外，在收到询盘的时候也可以通过询盘正文或者通过后台询盘模块的信息来对买家有个了解。

2. 收到询盘时，可以通过询盘内容或几次沟通来判断客户是否有订单、订单大小、紧急程度。主要从这几个方面来看：

（1）产品描述，如果能清楚地描述所需要的产品名称、型号、功能、产品参数、颜色、包装、Logo等细节，说明客户是比较有诚意的。

（2）订单数量，如问到起MOQ① 和价格，那么这个客户的起始订单量可能不大，不过应该有比较明确的需求了。

（3）产品认证，如果客户对产品认证比较关注，问有没有通过某种认证，说明客户可能走超市或其他大宗采购渠道，订单量应该不错。当然还有一个可能就是买家所在国家进口必须有这个认证。

（4）交货时间，如果客户明确问到交货时间、付款方式，客户有可能是有实单在手，而且可能比较急。我们在回复时，除了提供买家问到的信息外，交货期这块要重点再强调一下。

3.3.2 对各国买家的特点和禁忌要有常规的了解

一是要了解买家背景，从买家角度出发很重要。比如，小语种买家

① MOQ：最小订单量。对每个产品设定建议订单量是补货的方法之一。（摘自百度百科）

有的英文不太好，卖家如果在回复询盘时，采用双语回复（英文和翻译成对方语种各一份），买家会觉得你比较贴心，容易建立信任。

二是每个国家商人的特点和禁忌也要了解清楚，比如有的注重隐私，有的则是比较注重身份。

Tom 哥：你才刚来，收到的询盘还不多，以后日积月累，你会收到很多询盘，最好从现在开始就进行询盘分类，不同类型询盘有不同回复技巧，这样便于有侧重地跟进客户。

3.3.3 询盘分类技巧

1. 询盘分类。

如何将询盘进行分类？不同类型询盘当然有不同回复技巧。你可以给询盘打上标签，回复时有所侧重。

（1）一类询盘。如果买家在发送询盘时，对他的公司背景和个人信息有简单介绍，并明确告诉你，他想要的产品名称、规格、质量、认证、包装、数量、期望的交货时间、运输方式等详细信息的，这类采购需求比较明确，我一般归为一类询盘。

发送这类询盘的买家一般比较专业，采购需求明确。他们对供应商的要求也比较专业，我们在回复询盘时，要体现出我们的专业性。对于这类买家，通过除了他自己的介绍去了解他外，还可以通过搜索引擎搜索对方公司，通过他们的网站了解买家的更多信息，比如规模、主营产品等，然后再进行回复，但要注意以下几点：

一是直接报实价，因为买家通常会给多个供应商发询盘，报实价可能占据价格优势。

二是买家在询盘里询问到的信息，一定要全部进行回复；对于一些基本信息，比如产品图片、货号、参数规格、认证信息、包装尺寸等，也尽量进行回复。另外，如果有相似的型号进行参考，也可以列出来进行报价，让买家省心省力，减少往复沟通。

当然，你要快速地响应客户，抢占先机哦。不然被别人捷足先登了，你就悔之晚矣。

（2）二类询盘。这类询盘，买家一般是告诉你他感兴趣的是什么产品，需要你的报价。买家可能采购需求并不是很紧急，处于观望和比价阶段，也有可能他们不是非常专业的买家，需要你的引导。这类询盘可以放在第二优先级处理，但也要尽可能快速地响应。

对于这类询盘，我们也可以作专业的回复，可以制作专业的报价单，首先，采用阶梯报价（不同采购量价格不同），方便买家决策采购数量；其次，可以推荐类似产品，告诉买家如果需要，可以作详细介绍，告诉他们不管有任何需求，随时可以沟通联系，争取再次联系的机会。

当然，对于二类询盘，你的邮件回复后有可能就石沉大海了，你要有心理准备。过一两周后，如果买家还没有回复，你可以再发一封邮件询问情况，这样也表现出你对客户的重视，当他们有明确订单需求时，有可能就首先想到你了。

（3）三类询盘。这类询盘，通常买家会直接告诉你，他对你的产品感兴趣，需要报价，和二类询盘相比，对产品的需求更模糊。这类买家有可能是经销商，什么赚钱就做什么买卖，你需要给他作推荐，在产品介绍上也要更贴心，方便他推荐给他的客户。

在询盘回复时，你可以详细介绍自己的公司，告知可以提供的产品和服务有哪些，并推荐自己比较有优势的产品，比如价格最优的、质量最好的、交货期最快的、最适合当地市场的，等等，整理成产品目录的形式发给客户，告诉对方如果需要样品或更详细的信息的话，随时进行联系，争取二次联系机会。

这类询盘回复等待时间更长，如果长时间未回复，可以再次跟进，推荐一些新品，或者告诉他你还在等他的决定，有任何问题随时联系你，而不要像二类询盘那样问他对报价的看法了，因为他有可能还在等他的客户作决定。

（4）四类询盘。买家上来就要样品，对产品和公司都没有提的。也有的要邀请函、投资信之类的。这类询盘可以放到最后处理，可以尝试回复一次，如果对方不回复或者回复时不提产品，只要样品或邀请函，基本可以放弃跟进了，因为这类询盘有可能是骗样品、邀请函之类的。

询盘分类的方法你也可以结合买家所在国家等信息进行分类，方便你优先处理高质量询盘和对客户进行后续跟踪管理就好。

2. 询盘报价技巧。

询盘回复中，报价是比较核心的环节。由于电子商务的发展，买卖双方都还没有充分的沟通了解就要进行报价，卖家常常担心这个是不是同行来套价格的、应该报高一点还是低一点、需要简单报价还是详细报价等，尤其是报价多了没有达成订单，报价有时候就会成为比较难跨越的障碍。

但你要相信，报价是回盘时必定要做的事，只是早晚而已。你可以按我之前提到的方法，分析买家背景，看买家是否真实，决定是否第一次就给报价。然后根据买家的专业程度、购买力、采购计划远近，差异性地进行回复。

价格报高一点还是低一点呢？你需要认真核算成本，结合本身产品的可替代性，进行合理报价。当买家初步认可你的价格后，还可以通过改变采购量、调整运输方式、额外质量要求等提升利润空间。达成试订单时不一定要追求高额的利润，一般的买家，试订单进展顺利之后，就会不断追加订单的，建立起合作关系比较重要。

是要进行详细报价还是简单报价呢？这个也是要结合具体情况的。对于实力比较强的买家，同时会有很多卖家在和你竞争，机会稍纵即逝，你最好能详细整理所有报价信息，一次性地报给卖家。这既体现出你的专业和干练，也便于买家决策，尽快进入后续的确认阶段。对于一些实力不强的买家，你可以将报价单进行拆分，逐步提供给买家，并在每次提供信息时，询问了解买家的更多信息，这样避免整个报价单发出去后石沉大海，也便于更多了解买家，对报价作出适时调整。

报价时，给买家感觉价格是否有回旋余地也很重要，这个比较难把握。因为我们既不希望利润被一刀刀砍下去，也不希望买家感觉价格太高而放弃进一步沟通。假如你对买家、同行及市场都了然于胸，那么你可以展示出报价的周密和准确，尝试较为强硬、价格不可回旋的姿态，让买家感受到你的专业和认真，降低他的砍价意愿，尽快作出决定。假如你对自己的报价没有把握，那你可以通过一些补充性的语句，比如告知购买数量、付款方式、质量等都可能影响最终价格，争取更多的实质性谈判机会。

总之，你需要充分准备，充分了解你的买家、同行的情况、产品市场行情等，做到心中有数，给出合理报价，才可能尽量影响买家，谈成生意。

Tom 哥：另外，你还可以在网上看下别人总结的回复技巧，愿意交流的外贸人士还是很多的，多看多总结，你就会慢慢掌握回复技巧了。

学习了 Tom 哥给我的技巧，我在网上也找了一些外贸人士总结的回复技巧，这对我回复询盘还确实比较有帮助，很快我就收到了新加坡客户的打样需求，虽然订单量不大，但这是个好的开始，我对未来的贸易充满了信心，看来小菜鸟就要起飞了。

4 网上贸易之突破采购直达

跨境贸易电子商务特性决定了商家在开展交易时的关注点：快速、便捷。采购直达是一个买卖双方从达成意向到完成订单的高效线上外贸通道。在这个公开的大市场中，买家会主动发布采购需求，供应商可以自主挑选合适的买家进行报价。采购直达服务能够在大幅度提升买家采购效率的同时，帮助供应商更好地完成订单转化，并赢取更多高质量买家。

2013 年全球经济危机呈现新的变化，中国出口增速趋缓。而拥有“大数据”优势的阿里巴巴国际交易采购直达平台，在跨境电商市场上，目前已拥有每天 20 亿美元的采购需求，代表了阿里巴巴 B2B 业务板块的未来，即通过平台化运作，吸引买家、卖家、报关、商检、保理、赊贷等相关业务各个环节在“采购直达”平台上进行“闭环式”的运行，从而将运行过程中的数据沉淀在阿里巴巴 B2B 的平台上。所以说“采购直达”平台是阿里巴巴 B2B 在大数据上实践的第一步。在这个平台上，通过买家、卖家的数据分享，挖掘出对双方最有效的信息资源。通过大平台化，阿里巴巴可以了解到全球买家的采购偏好以及国际贸易格局变化，并且通过买家、卖家相互分享的数据，挖掘出对他们最有效的信息。按需而行，这是阿里巴巴采购直达给跨境电商带来的逆思维。

【引子】

人物1：外贸新人小慧（陈述者），在外贸公司从事采购直达业务，经验指数为0。

人物2：外贸大咖M哥，有多年从事采购直达的业务经验，拿订单拿到手软。

我来到外贸公司上班已经一周了，对公司的产品了解还是毫无头绪，不知道先开发哪几个产品好，也不知道先针对哪些国家进行开发好。看着身边的同事们忙着回复询盘、联系客户、下订单、跑海关，我急得如热锅上的蚂蚁，不知道该如何是好。于是我鼓起勇气向坐在我邻座的业务大咖M哥请教起来。

我：M哥，你看公司产品这么多，我也实在不知道先上传哪些产品好，不知道先主推哪些国家好，我都急死了，你能教教我这个新人吗？

M哥：啊，原来你为这个发愁啊，很多新来的业务员都经历过你这个阶段，不如你先在采购直达上看看有没有买家的采购需求，我这几天都忙，没去那报价。

我：什么是采购直达啊？

M哥：一看你这准备工作就没做好，我给你补补课吧。

采购直达是一个买卖双方从达成意向到完成订单的高效线上外贸通道。在这个公开的大市场中，买家会主动发布RFQ①，供应商可以自主挑选合适的买家进行报价。采购直达服务能够在大幅度提升买家采购效率的同时，帮助供应商更好地完成订单转化，并赢取更多高质量买家。

采购直达市场优势，如图4-1所示。

① RFQ：全称“Refuest for Quotation”，意思是商家与买家自己洽谈。

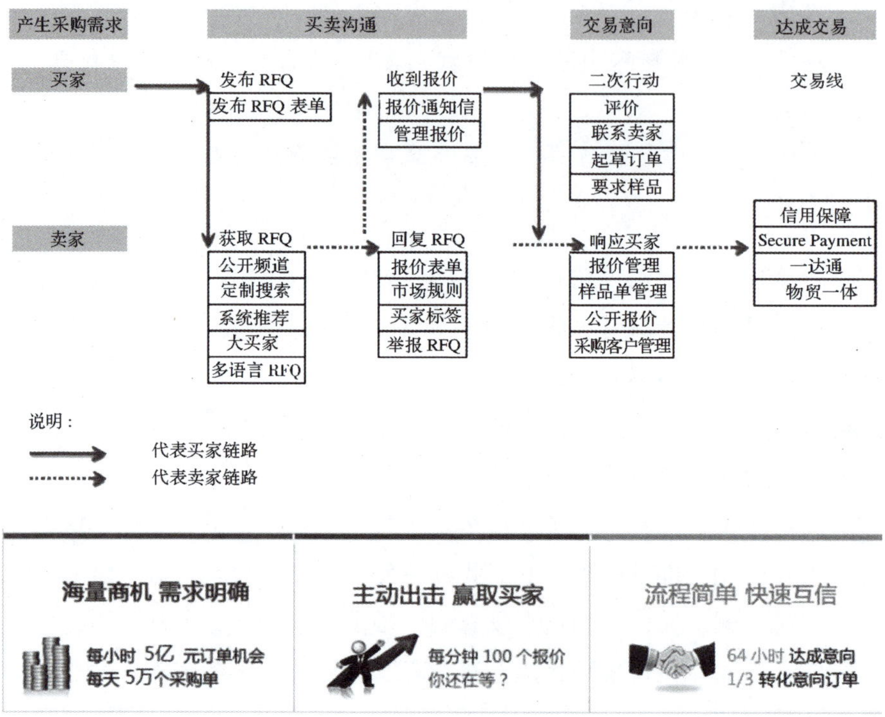

图 4-1　采购直达市场优势示意图

我：听上去挺不错，但是我要去哪里找买家发布的 RFQ 呢？

M 哥：寻找 RFQ 一共有 3 个渠道，你过来，我在电脑上演示给你看。听到 M 哥要亲自演示教导，我高兴坏了，直奔到 M 哥的电脑前，虚心学习起来。

4.1　如何寻找 RFQ

4.1.1　公共频道搜索

访问“http：//sourcing. alibaba. com”即可到达采购直达平台，如图 4-2 所示。

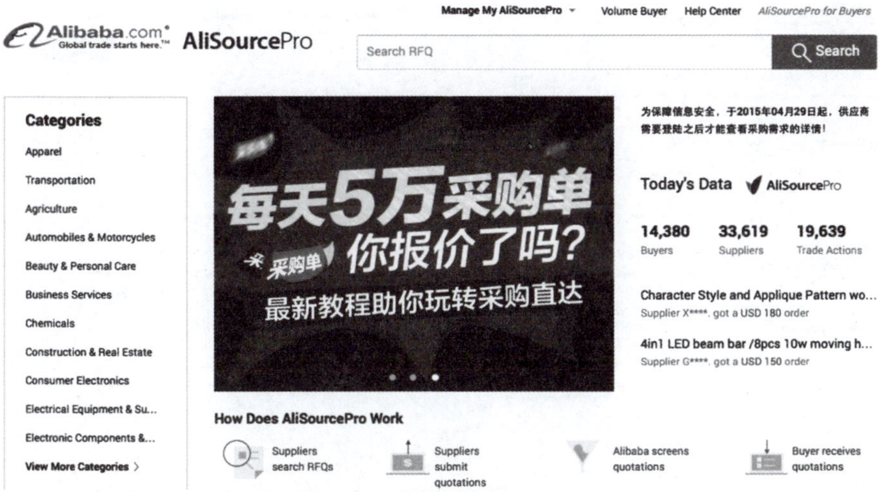

图 4-2　采购直达平台

点击左侧对应的类目或在顶部的搜索栏输入想要的产品关键词点击搜索，即可到达搜索结果页面，如图 4-3 所示。

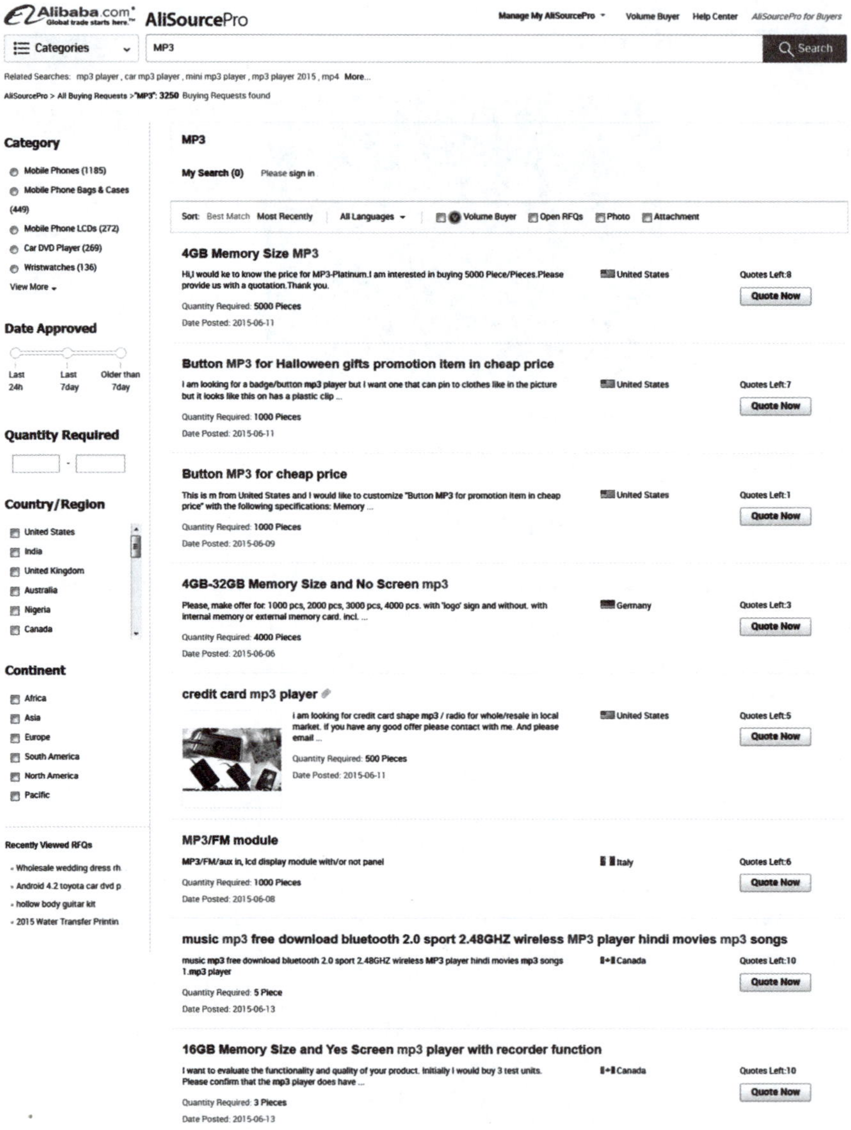
Alibaba.com Global trade starts here.
AliSourcePro
Manage My AliSourcePro
Volume Buyer
Help Center
AliSourcePro for Buyers
Categories
MP3
Search
Related Searches: mp3 player , car mp3 player , mini mp3 player , mp3 player 2015 , mp4 More...
AliSourcePro > All Buying Requests > "MP3": 3250 Buying Requests found
Category
Mobile Phones (1185)
Mobile Phone Bags & Cases (449)
Mobile Phone LCDs (272)
Car DVD Player (269)
Wristwatches (136)
View More
Date Approved
Last 24h
Last 7day
Older than 7day
Quantity Required
Country/Region
United States
India
United Kingdom
Australia
Nigeria
Canada
Continent
Africa
Asia
Europe
South America
North America
Pacific
Recently Viewed RFQs
Wholesale wedding dress rh
Android 4.2 toyota car dvd p
hollow body guitar kit
2015 Water Transfer Printin
MP3
My Search (0)
Please sign in
Sort: Best Match Most Recently
All Languages
Volume Buyer
Open RFQs
Photo
Attachment
4GB Memory Size MP3
Hi,I would ke to know the price for MP3-Platinum.I am interested in buying 5000 Piece/Pieces.Please provide us with a quotation.Thank you.
Quantity Required: 5000 Pieces
Date Posted: 2015-06-11
United States
Quotes Left:8
Quote Now
Button MP3 for Halloween gifts promotion item in cheap price
I am looking for a badge/button mp3 player but I want one that can pin to clothes like in the picture but it looks like this on has a plastic clip ...
Quantity Required: 1000 Pieces
Date Posted: 2015-06-11
United States
Quotes Left:7
Quote Now
Button MP3 for cheap price
This is m from United States and I would like to customize "Button MP3 for promotion item in cheap price" with the following specifications: Memory ...
Quantity Required: 1000 Pieces
Date Posted: 2015-06-09
United States
Quotes Left:1
Quote Now
4GB-32GB Memory Size and No Screen mp3
Please, make offer for: 1000 pcs, 2000 pcs, 3000 pcs, 4000 pcs. with 'logo' sign and without. with internal memory or external memory card. incl. ...
Quantity Required: 4000 Pieces
Date Posted: 2015-06-06
Germany
Quotes Left:3
Quote Now
credit card mp3 player
i am looking for credit card shape mp3 / radio for whole/resale in local market. if you have any good offer please contact with me. And please email ...
Quantity Required: 500 Pieces
Date Posted: 2015-06-11
United States
Quotes Left:5
Quote Now
MP3/FM module
MP3/FM/aux in, lcd display module with/or not panel
Quantity Required: 1000 Pieces
Date Posted: 2015-06-08
Italy
Quotes Left:6
Quote Now
music mp3 free download bluetooth 2.0 sport 2.48GHZ wireless MP3 player hindi movies mp3 songs
music mp3 free download bluetooth 2.0 sport 2.48GHZ wireless MP3 player hindi movies mp3 songs 1.mp3 player
Quantity Required: 5 Piece
Date Posted: 2015-06-13
Canada
Quotes Left:10
Quote Now
16GB Memory Size and Yes Screen mp3 player with recorder function
I want to evaluate the functionality and quality of your product. Initially I would buy 3 test units. Please confirm that the mp3 player does have ...
Quantity Required: 3 Pieces
Date Posted: 2015-06-13
Canada
Quotes Left:10
Quote Now

图 4-3　示例图

如果你觉得搜索出来的结果不够精准，可以通过左侧和顶部的筛选项进一步缩小范围（参见图 4-3），如：

1. “Category” 可以筛选子类目。

2. “Date Approved” 可以按 “过去 24 小时”、“过去 7 天”、“超过 7 天”，3 个维度来按时间筛选。

3. “Quantity Required” 可以按采购数量来筛选。

4. “Country/Region” 可以按买家所在的国际和地区来筛选。

5. “Continent” 可以按买家所在大洲来筛选。

6. “Sort By” 可以对搜索结果选择两种排序方式，其中 “Best Match” 按最优结果排序，“Most Recently” 按时间排序。

7. “All Languages” 可以筛选多语言的 RFQ。

8. “Volume Buyer” 筛选中大买家的 RFQ。

9. “Open RFQs” 筛选报价席位未满的 RFQ。

10. “Photo” 筛选含有图片的 RFQ。

11. “Attachment” 筛选含有附件的 RFQ。

M 哥在电脑上的演示让我一下恍然大悟，这个界面功能居然这么全。

我：太好了。这个功能真的很强大。不过这么多的筛选项，每次搜索的时候都要选一遍，也挺辛苦的。

M 哥：嗯，采购直达团队很早就意识到这个问题，所以下面我向你介绍的第二个渠道，可以很好地解决你说的问题。

4.1.2 定制搜索

你可以到 “My Alibaba” 后台，采购直达业务模块下，管理 RFQ 下找到定制搜索，如图 4-4、图 4-5 所示。

图 4-4　示例图

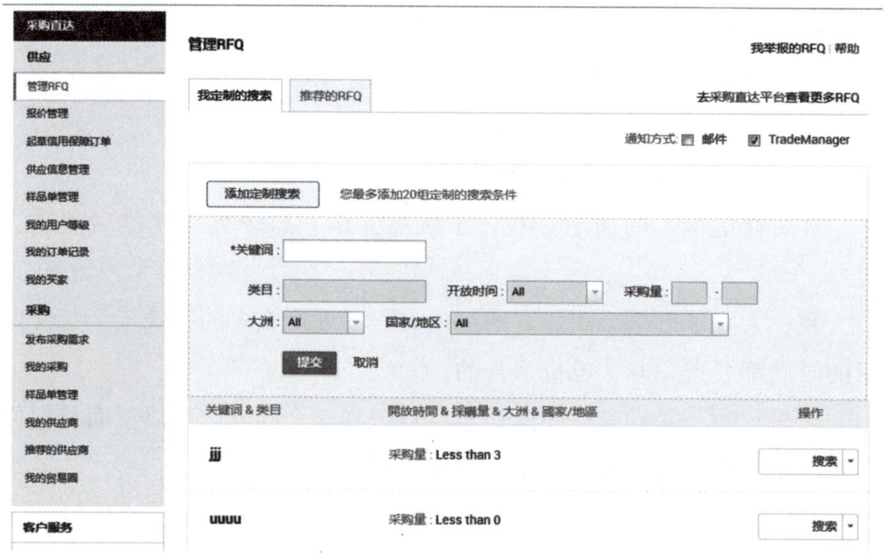

图 4-5　示例图

1. 添加定制搜索：你可以把关键词及其他筛选条件全部都设置好，然后点击提交。

2. 提交后下面的列表就会新增一组定制搜索。

3. 点击后面的搜索，就直接到达符合所有筛选项的搜索结果。

4. 定制搜索最多可设置 20 组条件。

5. 你也可以在搜索列表页使用定制搜索，如图 4-6 所示。

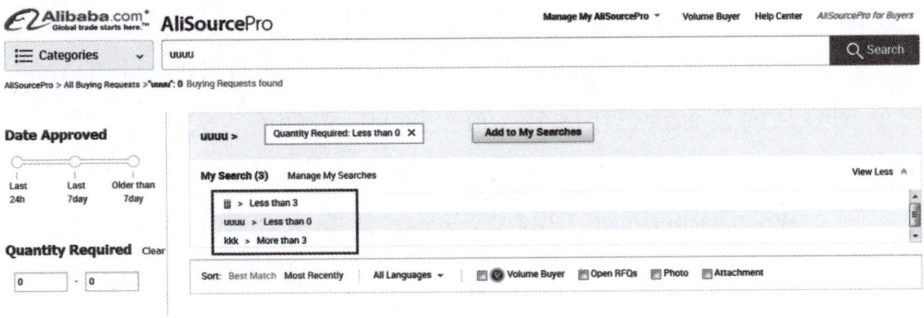

图 4-6　示例图

M 哥：怎么样，这个定制搜索是不是很方便？还有一种是系统推荐。

4.1.3　系统推荐的 RFQ

你可以到“My Alibaba”后台，采购直达业务模块下，管理 RFQ 下找到推荐的 RFQ，如图 4-7 所示。

图 4-7　示例图

1. 系统推荐的 RFQ 是阿里巴巴根据供应商在其网站上发布的产品信息的类目及关键词推荐与其主营相符的 RFQ。您可以关注本公司已发布产品所选择的行业类目，若类目选择范围比较大，则有可能会匹配到不是很相关的FRQ。

2. 系统推荐的RFQ报价不占用报价名额。

3. 系统推荐的RFQ目前是默认展示1个月内所有被匹配到的数据，每个RFQ后面会有状态作区分：可报价的、过期的、关闭的、已报价的。

听了M哥详细的讲解，我赶紧去后台按照M哥说的看了一下，原来还真有这么好的事情。后台已经显示有3条系统推荐的RFQ。点开后可以看到买家采购的详细内容。

随后M哥还给我讲解了如何查看RFQ。

首先，点击RFQ标题进入RFQ详情页面，如图4-8所示。

图4-8 RFQ详细页面

其次，确认RFQ页面有采购需求详情。

最后，点击详情页面的右侧“买家名片”，可以查看买家背景信息及最近的浏览信息，帮助供应商了解买家。如果认为该RFQ内容涉及广告、违禁等信息，可通过详情页面右上角的“report this RFQ”向阿里巴巴举报。

看到下面这个RFQ的时候，首先我们要通过买家信息和买家行为来分析这个买家情况。然后可以看下“Buyer Business Card”，如图4-9

所示。

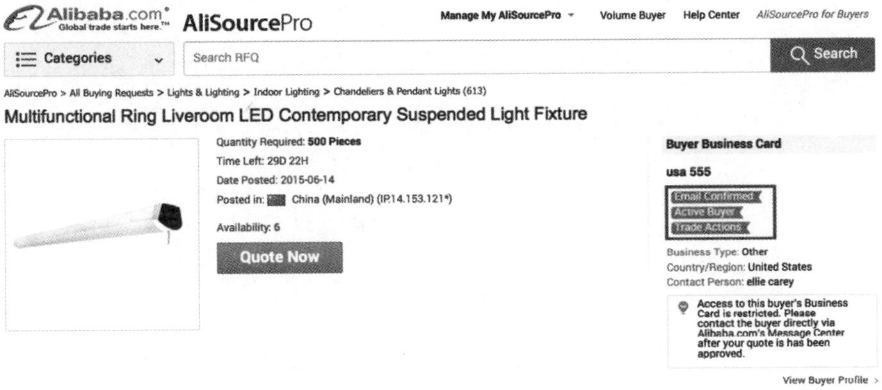

图 4-9　示例图

图 4-9 中有 3 个非常重要的标签分别表示如下。

“Email Confirmed”：买家邮箱已经验证；

“Active Buyer”：活跃买家，过往 90 天内有发布过 RFQ 或者询盘的买家；

“Trade Actions”：过往 90 天有在线下订单或在线索取样品或进一步沟通的买家。

在 M 哥的指导下，我通过自己实际操作，对买家的资质和活跃度有了基础的了解，接下来，M 哥又指引着我来看买家名片，这个买家到底是什么样的买家呢？遵照指导我点击了“View Buyer Profile”，于是，便看到非常全的一个信息页面，如图 4-10 所示。

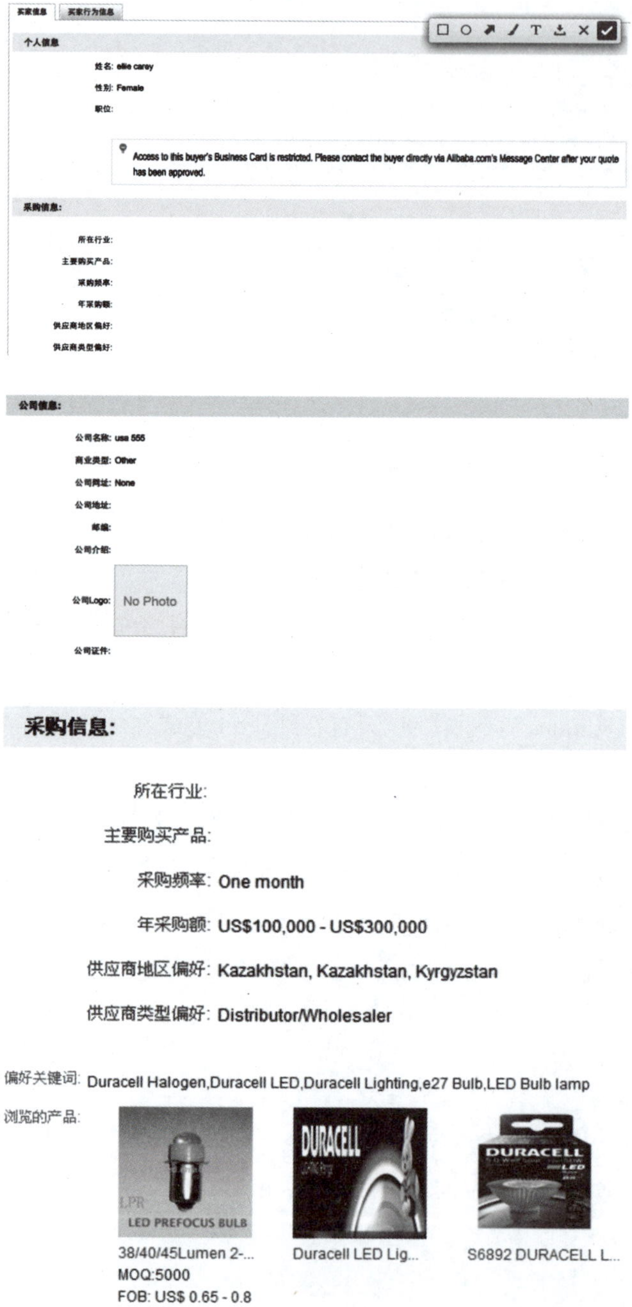
买家信息
买家行为信息
个人信息
姓名: ellie carey
性别: Female
职位:
Access to this buyer's Business Card is restricted. Please contact the buyer directly via Alibaba.com's Message Center after your quote has been approved.
采购信息:
所在行业:
主要购买产品:
采购频率:
年采购额:
供应商地区偏好:
供应商类型偏好:
公司信息:
公司名称: usa 555
商业类型: Other
公司网址: None
公司地址:
邮编:
公司介绍:
公司Logo: No Photo
公司证件:
采购信息:
所在行业:
主要购买产品:
采购频率: One month
年采购额: US$100,000 - US$300,000
供应商地区偏好: Kazakhstan, Kazakhstan, Kyrgyzstan
供应商类型偏好: Distributor/Wholesaler
偏好关键词: Duracell Halogen,Duracell LED,Duracell Lighting,e27 Bulb,LED Bulb lamp
浏览的产品:
LPR
LED PREFOCUS BULB
38/40/45Lumen 2-...
MOQ:5000
FOB: US$ 0.65 - 0.8
DURACELL
Duracell LED Lig...
DURACELL
S6892 DURACELL L...

图 4-10 示例图

我看到这个买家还是挺有实力的，而且买家还说，要来中国看厂。于是我决定给这个采购需求进行报价。

4.2 如何报价

M 哥看到我准备进行报价，就顺便把如何进行 RFQ 报价给我作了详细指导，并提醒我，目前只有成为国际站如通会员才可以进行报价。

如何填写产品和价格，如图 4-11 所示。

图 4-11　报价信息表

1. 点击 RFQ 详情页面的“Quote Now”即可开始报价，如图 4-11 所示。

2. 进入报价页面后，点击页面右上角的“展开”可以查看 RFQ 详情。

3. 点击“从我的企业网站导入产品信息”，可以从公司的已发布产品中直接挑选产品用于报价。

4. 如果你希望重新填写报价产品信息，也可以在下方表单中逐项填写。

要认真填写每一个报价栏目，详细的报价能让买家更好地获知你的产品信息，促成交易。如果针对不同的订购数量，有不同的价格，可以设定不同的价格区间，只要点击“添加区间价格”来填写就可以了。如果你有针对多款产品的多个价格，可点击下方的“添加更多价格”添加报价产品信息。针对不同价格的产品填写不同的报价信息，将使你的报价表单清晰，易于买家查看。利用好“给买家的消息”，可以在此简要介绍你的公司，添加更多价格细节或其他相关信息，进一步获得买家的青睐。

5. 填好价格以后，按“报价按钮”提交报价，之后页面会提示你报价已经成功提交，至此报价完成，如图 4–12 所示。

图 4–12　示例图

4.3　如何跟进

我们点击“报价管理”可以进入查看报价后续情况。

报价状态分为审核不通过与审核通过两种情况，如果状态为“审核不通过”，要在 RFQ 有效期内编辑报价后继续提交，点击“查看原因”进入可以查看报价审核不通过的原因，如图 4-13 所示。

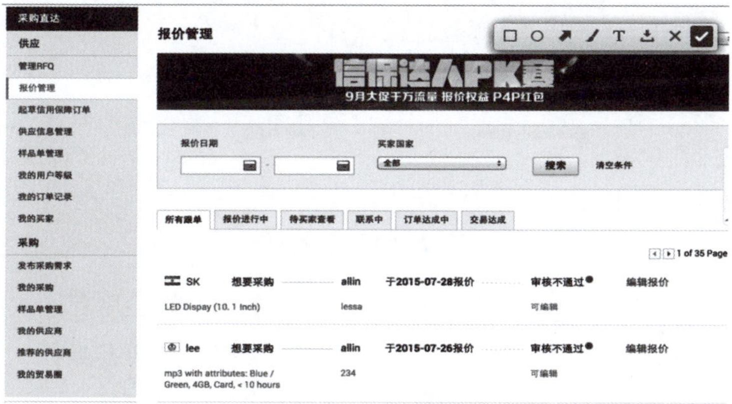

图 4-13　示例图

请注意：如果报价审核未通过，你还有一次修改机会，若一次修改后仍未通过，将失去报价资格，所以要根据审核不通过的原因，认真修改报价，如图 4-14 所示。

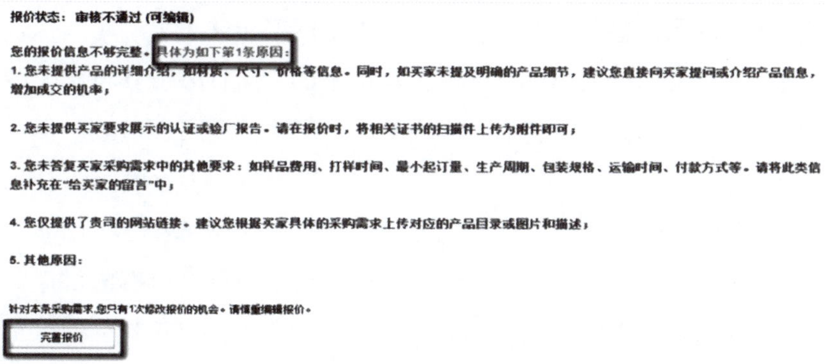
报价状态：审核不通过 (可编辑)

您的报价信息不够完整。具体为如下第1条原因：
1. 您未提供产品的详细介绍，如材质、尺寸、价格等信息。同时，如买家未提及明确的产品细节，建议您直接向买家提问或介绍产品信息，增加成交的机率；

2. 您未提供买家要求展示的认证或验厂报告。请在报价时，将相关证书的扫描件上传为附件即可；

3. 您未答复买家采购需求中的其他要求：如样品费用、打样时间、最小起订量、生产周期、包装规格、运输时间、付款方式等。请将此类信息补充在“给买家的留言”中；

4. 您仅提供了贵司的网站链接。建议您根据买家具体的采购需求上传对应的产品目录或图片和描述；

5. 其他原因：

针对本条采购需求,您只有1次修改报价的机会。请慎重编辑报价。

完善报价

图 4-14　示例图

如果状态为“待买家查看”，则说明你的报价已经成功通过审核并被发送给买家，你可以点击“联系买家”查看买家的联系方式，如图 4-15 所示。

图 4-15　示例图

仔细听了 M 哥的讲解，我决定把已经学到的经验用在这次的买家身上。我在给他报价的时候，抓住他想要的就做了以下几点：

首先，我把邮件标题换成更吸引买家眼球的产品标题。

其次，给他报了所有他需要的产品，并附上产品目录价格单。

最后，跟他强调了我们公司的优势，能够为他提供技术和开发市场的支持。

M 哥还建议我在报 RFQ 的时候，最好用阿里巴巴的后台和邮箱都回复一下，增大回盘的概率。这时，我的疑问又出来了。

我：我选的这个买家的联系方式是屏蔽的，怎样才能获得买家的邮箱或电话呢？因为成功报价后，有的买家联系方式是可以查到，但有的是不可以的。

M 哥：这要取决于买家是否公开了自己的联系方式（Business Card）。如果该买家在发布 RFQ 时，设置的是不公开，所有的供应商在报价审核通过后都看不到买家的联系方式。如果该买家选择公开，那么供应商报价通过后，买家联系方式需要统一在“Buyer Profile”页面查看，报价成功通知邮件将不会显示买家联系方式。虽然有些买家联系方式查看不了，但是我们依旧可以在“My Alibaba”系统中与买家保持跟进，很多买家也表示希望在一个固定的渠道和供应商联系，而不是多种联系方式叠加，他们会混淆。卖家可以在报价后，通过留言通道给买家留言，或者主动向买家发起需要联系方式的请求，如图 4-16 所示。

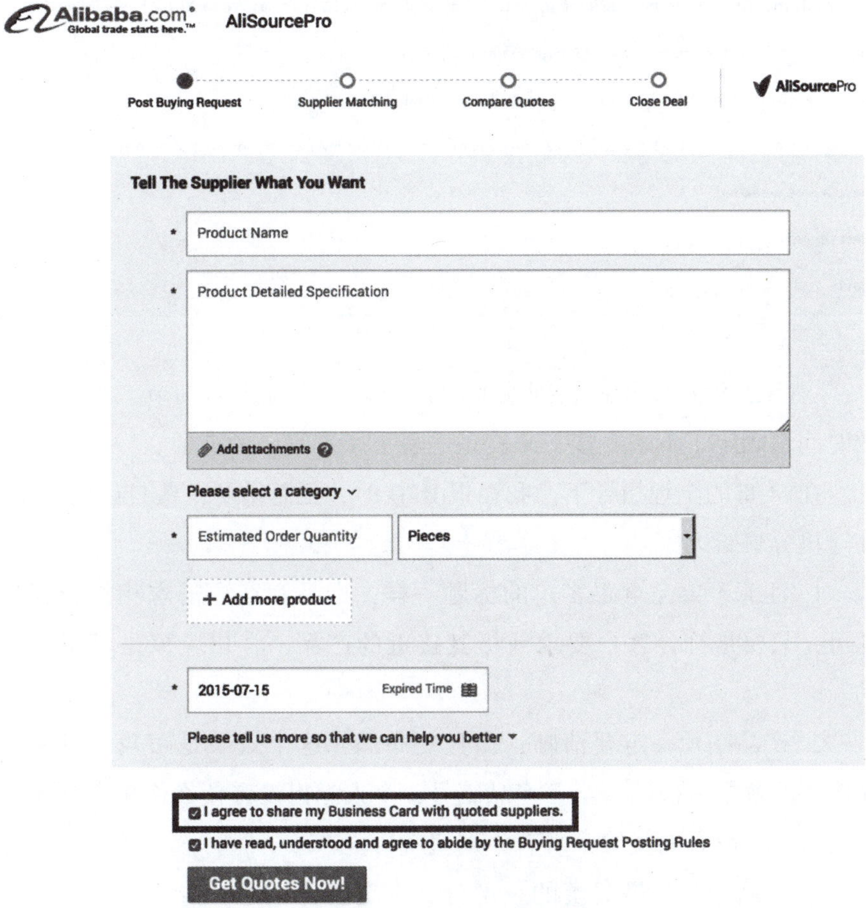

图 4-16　示例图

于是，我在得到买家的邮箱地址后，就给买家发了一封邮件，内容如下：

Hello,XXX.my dear friend.hope you are fine.

Glad to hear that you need led bulb,tube,spotlight...most importantly,we really sincerely welcome you come to visit our factory.can you tell me your schedule come China? so i can arrange pick up you to our factory.

I'm Paul from YATE Electronics Technology, a factory specializing in LED Lightings,We make light source and led driver,so we can offer you best price for high quality products!

Now i send you our new products catalogue price list,pls check the attachment.

i think they will be workable for your market, any question,pls contact me,i will try my best to help you .

have a nice weekend,

best regards

paul

然后，没过多久就收到他的邮件回复，他就产品细节、来厂验货的时间都确定了下来，接下来就是等着买家来实地考查了。

在 M 哥的全程指导下，我在报 RFQ 时，也总结了一些自己的经验，在这里分享给大家。

1. 注意不要完全跟客户的标题一样，产品和客户需求相结合匹配即可，只要是符合客户要求或极其接近的产品，客户应该是可以接受的。

2. 产品图片一定要清晰，而且要布满，这个效果是跟我们发布产品图片的效果一样的。至于产品编号，个人觉得没有什么作用，公司有的就写上，没有的就编，看着不别扭就行。

3. 产品细节是最关键的一部分，一定要详细地、清楚地把产品优势、各种参数展示出来，可以让客户直观地了解。不建议直接从网站直接导入产品信息，一是字数限制，二是担心不整齐。

4. 添加更多价格功能可以充分利用起来，一次最多可以报 10 个价格。一是用来对比其他相似产品的报价，给客户更多选择。二是进行梯度报价，比如说 1000~2000 个的报价刺激，看客户是否有增加订单的可能性。

5. 生产周期可以根据公司最近的订单和生产情况填写，付款方式客户没要求的话，就填公司惯用的方式。

6. 向买家提问是另一个关键的部分，不是让大家向买家真的提问，要知道如果客户对我们的产品展示不满意的话，我们的提问是没有意义的。我会在这主要介绍公司的实力和优势，作为一个提高回复率的因素。当然我们可以选择适当地问一两个问题，比如说客户的付款方式是公司不用，或者不常用的，可以询问客户是否可以接受其他方式。

7. 附件要好好利用。可以上传更多的产品图片，也可以放公司的规模、团建的照片，以增加公司实力，获得买家青睐的机会，但是要注意图片的大小不能超过 2 兆。

当我把 3 条 RFQ 都进行报价后，系统提示我今天的报价名额已经满了。这样好的商机怎么只有 3 个机会呢？我再次咨询了 M 哥后，才知道原来采购直达按照一定的规则将供应商进行了分层。

为了让我对采购直达有一个全面、深层次的了解，M 哥将相关的服务细则、用户等级规则及关联规则①给我作了一一讲解。

第一，用户的服务规则，如表 4-1 所示。

① 有关服务细则、用户等级规则及关联规则内容摘自阿里巴巴采购直达服务平台。

表 4-1　用户服务规则表

<table>
<tr><th>用户类型</th><th>服务前提④</th><th>报价权限⑤</th><th>奖励</th><th>惩罚</th></tr>
<tr><td>出口通会员①</td><td>出口服务正常履行中，且报价前规定时间内无违规及/或投诉记录。</td><td rowspan="2">1. 报价对象：已获报价数<10 条的有效 RFQ。
2. 报价数量：3 条/天（推荐 RFQ⑥除外）。
3. 报价修改：每条报价有一次修改机会，被判定为“主营不符”的报价除外。</td><td rowspan="2">表现优秀将有机会在每月的用户等级评定中晋级，获得更多报价机会和特权（详情见等级规则）。</td><td rowspan="3">7 天内累计不合格报价 ≥ 5 条，则从第 8 天开始冻结报价权限 7 天。</td></tr>
<tr><td>金品诚企会员②</td><td>金品诚企服务正常履行中，且报价前规定时间内无违规及/或投诉记录。</td></tr>
<tr><td>阿里通行证会员③</td><td>报价前规定时间内无违规及投诉记录，且已完成建站并发布 10 个以上的商品。</td><td>1. 报价对象：已获报价数<10 条的有效 RFQ。
2. 报价数量：1 条/天。
3. 报价修改：每条报价有一次修改机会，被判定为“主营不符”的报价除外。</td><td>无</td></tr>
</table>

注释：

① 签署“中国供应商服务合同”、订购“出口通”版的中国供应商服务，其合同生效并在正常服务中的用户。

② 签署“服务合同”、订购“金品诚企服务”，其合同生效并在正常服务中的用户。

③ 签署“实地认证服务合同”、付费并通过实地认证的用户。

④“服务前提”为用户享有服务权益的前提条件，不满足条件的用户将不能使用采购直达服务。

⑤“报价权限”指同一供应商（含主子账号）在 1 个自然日（北京时间 0 点到 24 点）内可报价的总计条数。

⑥“推荐 RFQ”包括系统推荐、行业专家推送及买家指定的 RFQ。

第二，采购的直达用户等级规则如表 4-2 的示。

等级分类：每个供应商用户将按本规则被评定一个采购直达等级，分为 Level 1~4 四个等级。同一供应商的所有主、子账号等级相同。

等级更新：每个月 3 号将根据等级评定标准更新该用户等级。

等级评定：新用户或过去 3 个月内所有主、子账号的采购直达报价总数未满 60 条的用户为 Level 1 等级；过去 3 个月所有主、子账号的采购直达报价总数满 60 条的用户，则根据其交易意向转化率的排名来评定等级；采购直达报价等级评定标准及对应的报价权益如表 4-2 所示，每个用户的等级及权益变动以系统状态为准。

表 4-2　用户等级规则表

用户等级查看我的等级	标准		权益		
	报价数	交易意向转化率①	报价权限②	报价优先推荐③	Popular Supplier 标识④
Level 4		TOP 5%	15 条/天	Y	Y
Level 3	≥60	TOP 30%	10 条/天	Y	Y
Level 2		TOP 80%	6 条/天	N	N
Level 1	—	—	3 条/天	N	N

注释：

① 买家有交易意向的报价包括买家在查看供应商报价详情时，有过成功下单、索样或发送站内消息等行为的报价，以及用户自主提交并被买家验证为真实订单所对应的报价。

交易意向转化率计算方法：当期交易意向转化率=过去 3 个月汇总的买家有交易意向的报价数/过去 3 个月汇总的买家查看报价数。

②“报价权限”指同一供应商（含主、子账号）在 1 个自然日（北京时间 0 点到 24 点）内可报价的总计条数。

③“报价优先推荐”指获得该权益的用户的所有采购直达报价，在买家“My Alibaba”后台的报价列表中排序优先。具体为：Level 4 先于 Level 3；其余按报价先后

时间顺序排序。

④ 被评为 Level 3、Level 4 的用户，其所有主、子账号将显示“Popular Supplier”标识，随同报价展示给买家。

第三，用户的关联规则。

使用采购直达的会员应当遵守阿里巴巴国际站规则、采购直达规则，以及阿里巴巴公布的所有其他任何相关规则。阿里巴巴有权对采购直达相关规则条款进行必要的修改。会员报价行为本身即表明该会员理解并认可其规则，且授权阿里巴巴独立判断（即审核）其报价是否和 RFQ 需求相匹配，并对阿里巴巴的判断结果（即报价审核结果）无条件认可。

RFQ 是阿里巴巴国际站用户自行在阿里巴巴网站上发布的采购需求信息，阿里巴巴不保证会员使用采购直达并报价后能获得收益，该收益包括但不限于：报价被成功匹配（即通过报价审核）、报价审核的准确性和及时性、任何 RFQ 的真实性和可靠性、发布 RFQ 的用户之反馈/联系/索样/下单的动作及效果等。

阿里巴巴将保护用户隐私信息，用户应遵守隐私政策（Privacy Policy）及其他阿里巴巴国际站公布的一切相关规则。用户不应向其他任何人披露其通过采购直达服务获取的询盘信息/报价信息，其他用户的名称、地址、联系方式等信息。

用户违反阿里巴巴国际站规则、采购直达规则及其他相关规则的，阿里巴巴有权单方决定在一定时间内（最长达 6 个月）停止向该用户提供采购直达服务。

阿里巴巴有权单方决定报价匹配标准（即报价审核标准），并有权拒绝匹配不符合报价匹配标准的报价，包括但不限于存在报价产品不符、报价关键信息缺失、主营不符、未授权知名品牌、其他违反国际站规则等问题的报价。

阿里巴巴有权随时修改或更新采购直达规则和其他相关规则，规则修改或更新后，用户继续使用采购直达服务的，即表明其认可及接受修改或更新的规则。

用户通过手机软件使用采购直达服务的行为本身，即表明用户了解并同意阿里巴巴及其关联公司可以收集相关用户位置相关信息，这些信息的采集将会用于改善用户使用采购直达服务和阿里巴巴国际站的体验。根据阿里巴巴国际站规则及所有相关规则，未经用户同意阿里巴巴不会向任何第三方透露其私人信息。阿里巴巴对手机软件探测及展示的用户位置信息的准确性和可靠性不承担任何明示或默示保证及/或担保责任。

我对以上规则进行系统学习后，并和买家进行了几次邮件、电话联系后，我的第一个订单终于在半个月后拿到了。当时，我真是太兴奋了，没想到我这样一个外贸新人这么快迎来了属于自己的外贸春天！不过这还真要感谢 M 哥对我的无私帮助，下次我更要多提高报价量和交易意向转化率，争取拿到更多的报价机会，拿到更多的订单。

5 网上贸易之引爆在线批发

随着2008年世界金融危机的到来，我们主要出口市场的客户习惯渐渐地发生了一些变化。以往“花钱”大手大脚的客户似乎也开始变得“谨小慎微”起来，能一箱箱买，绝不一车车进，能3天到货，绝不愿意等一个礼拜！

其实说到底，一方面是，世界变得越来越小，外贸的门槛越来越低，涌进外贸大潮的不再仅仅是那些财大气粗的“总代”、“大户”，而是不断地有圈外新人加入，他可能是eBay、亚马逊的小店主，也可能是加州某便利店的创业者。他们是外贸界的新生代，长期的互联网触电经历让他们把提高效率、降低沟通成本看得比什么都重要。

另一方面是，买家对外贸的风险和需求评估有了更多的理性思考！现在的大环境下，效率和控制风险成为大家交易过程中普遍的考虑。如何去采购那些更能适应市场变化的产品，如何能让自己尽可能地减少库存，这都会比以往更多地考虑进去！

正是这样的一些市场需求和变化的存在，促使我们在不断思考，如何提高外贸的沟通效率，如何提高货物的流转速度，又是如何提高买家资金的安全保障。

在线批发，就是这样一种应时而生的交易形态，它把所有的流程都线上化、显性化，让你有了更多的选择，能用最快的时间了解产品，最快的速度收到货品。它的出现迎合了互联网上绝大多数中小型买家的需求，必将让这个地球变得更小，为更多的中国制造，创造更多的销售渠道！

【引子】

人物1：外贸新人小磊（陈述者），在外贸公司从事在线批发业务，工作时间1年，经验指数为1。

人物2：外贸大咖老A，在外贸公司从事在线批发业务多年，小磊的业务师傅。

人物3：张哥，阿里巴巴客户经理，圈内的业务红人。

最近有了外贸大咖老A的帮助和指导，我这几个月的业绩明显就转好了，国外的客户越积累越多，虽然大家多是一开始下小订单为主，但一来二去的，伴随着他们对我的信任的建立，返单的比例还是比较高的。

不过有一点，我一直有疑问，客户虽然正在逐渐积累，也在不断返单，但是大家的订单客单价好像一直都上不去，都是小额订单为多。入行前一直被灌输的思想是，外贸嘛，就是一船一船、一箱一箱的出货，可到自己手上，怎么感觉不是那么回事儿啊！我带着这个疑问，又找到了老A，想问问老A的看法，看看是不是自己跟进客户上还有什么问题。

老A：一看你还是入行晚啊，这都不是新鲜事儿啦，不光你，最近几年，我们手头的客户都这样啦。

我：都这样？你手上维护这么多老客户都是这样的？

老A：虽说不是全部，但也有很大一部分了，就算以前的老客户，近期也开始有这种趋势，并不是你跟进上有什么问题。

我：不会吧，这和我印象中的外贸大场面可不是一回事儿啊。

老A：形势是在不断发生变化的，最近几年，多数是受海外金融环境的影响，越来越多的买家开始追求供货短、频、快的交易模式，毕竟周期短、资金压力小，还容易跟上市场的变化，我手上就有很多买家开始采取这种采购策略了。其实一年到头你一结算，人家总的订单量没少，所以这都不是什么大事儿。

我：那这样我们不是变得繁琐很多，本来一个订单就搞定的事，分好儿拨来搞定，洽谈、物流、收款不都得重复好几遍？

老 A：你跟别人这么一说，人家准知道你是新手？

我：什么意思？

老 A：以阿里巴巴为例，听说过在线批发吗？

我：还真没。

老 A：所以说你是新手嘛，老外贸人早就都熟悉这个了，这是阿里巴巴推出的一种在线交易平台，以前咱们在阿里巴巴上只能发信息，然后剩下的活儿就和买家线下完成，什么发货、收款、咨询，这个在线批发就完整地支持发布、下单、支付、物流一条龙的服务，引入了阿里巴巴自有的“Secure Payment”支付工具，让买家用最快的方式下单，让卖家用安全的方式收款。

我：就像淘宝支付宝那样？

老 A：大模式上是一致的，线上交易、线上支付。因为产品信息、价格等都显性化，物流支付都线上化，所以尽管订单小，但同时你的维护成本也小，这样就能有效解决你这个客户订单小的问题。

我：可是，我又有疑问了，现在做生意的国外买家能接受这种概念？

老 A：都什么年代了，刚不是跟你说了嘛，现在很多买家都希望压缩收货周期、加快资金流通，这就是最好的方式。而且，因为在线批发的出现，带动了很大一批海外小 B 类的买家时髦点的说法就是海淘一族投身到国际贸易。

我：小 B 类，主要是哪些人群？

老 A：就是类似那些亚马逊、eBay 上的卖家店主，当然也有一些小型零售或者连锁店铺的卖家。

我：哦，是这么一回事儿，那您可真要赶紧教教我，回头我就能用这个来对接客户啦。

我有一个西班牙客户叫弗拉门戈，我图方便称呼他猛哥。猛哥是最近主动找上门的一个客户，一来二去的联系中，我发现他是一个在

eBay 上卖东西的中小买家，最近刚开始尝试在阿里巴巴找供应商，基本订单量不会太大，可能每次下单也就是两三百件货。其实我打心眼里不想太耽误时间在猛哥身上，毕竟猛哥不仅单子小，而且初入外贸，事儿可不少。啥问题都得问仔细清楚，邮件往来是一封又一封，旺旺是弹了又弹。现在听老 A 这么一介绍在线批发，我想正好在他身上试试。

老 A 听说我有这一想法，就鼓励我。不过他也说，干什么都得打好基本功，在线批发这个新东西还是有很多东西要学习的。老 A 还答应我，明天会引荐阿里巴巴的客户经理张哥给我认识，并让他来教我在线批发的基本功。听到这一消息，我已经兴奋不已了。

5.1　在线批发的基本功

第二天，张哥如约来到了公司，看得出他经常来这里，真的已经是熟门熟路。老 A 引荐我和张哥认识了下，简单的寒暄之后，很快就进入了正题。

张哥： 在线批发是我们公司近两年上线的一个产品，很受国外买家的喜欢，和你目前遇到的境遇也很匹配，是个好的解决方案。既然你想了解，我就和你细说一下吧。

首先，我们先了解一下整个业务流程，如图 5-1 所示。

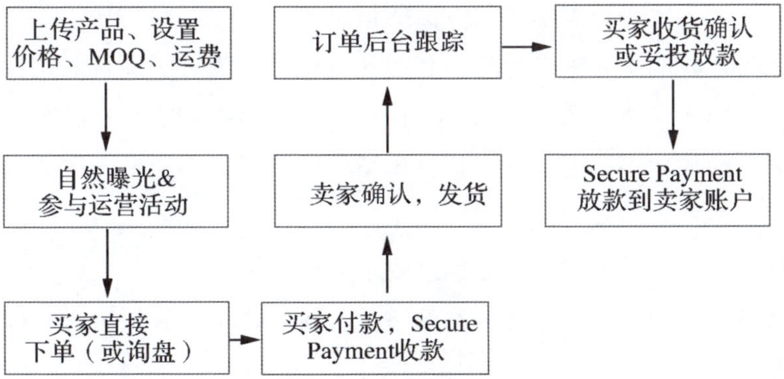

图 5-1　在线批发流程图

在线批发的业务流程是和国内淘宝、天猫、亚马逊比较类似的。目前线上贸易整体流程都是差不多的，万变不离其宗，只是细节会有些区别。我们先从准备阶段讲起，在线批发不比你之前操作电子商务，有个账号发发产品就好了，它毕竟是线上支付的运营场景，会牵涉到钱，所以除了正常的产品资料准备之外，还要把收款的账号要都要提早设置好。

说起在线批发的准备工作，其实主要是 3 个方面：产品资料的准备，运费模板的设置，收款账户的设置。

我：等等，我们家已经做了多年阿里巴巴了，已经上传好多产品资料了，怎么还需要准备产品资料呢？

张哥：呵呵，看来你还沉醉在信息展示时代，我们这是线上交易，求的是高效，你想想以前国外买家给你们发询盘，都问些啥呀？

我：无非就是有没有货、是什么材质、颜色有什么选择、包装是什么情况？

张哥：对啊，如果这些问题我们在前期产品发布的时候就在页面上能够完整地有针对性地展示出来，是不是买家就不用和你再一封封邮件的打来回了？

我们要让买家一目了然的掌握产品信息，做到基本的购买不需要和你做确认，就可以下单。

我：那主要是要展示哪些方面的信息？

张哥：我们这么来考虑吧，其实我觉得比较简单的理解就是，你以淘宝产品的要求来发布在线批发的产品，如产品的图片一定要精细化做，产品的描述一定要准确完整，各类参数都要清晰显示，产品的包装信息一定要翔实，最好配合图片展示。

我：还真的是用淘宝的标准来要求啊？

张哥：必须的，商品交易都网络化、线上化了，必须用行业标杆来做参照物。

我：那你觉得图片应该是做到什么样才好呢？

张哥：这是仁者见仁、智者见智的事。具体还得看是属于哪种类型的图片，主图和细节图的要求可能会有不一样。以主图为例，无非就几个标准：清晰、大小适中、背景干净、主体突出。

这里面学问可大了，先说清晰度，这个要求指的是，拍摄图片的像素，以及是否聚焦等参数。你不能在 21 世纪的今天拿个 200 万像素的手机去拍产品照片，拍出来还没对好焦，模模糊糊的，我们来看一个实例，如图 5-2 所示。

图 5-2　围巾

这是两款围巾的图片，清晰度和质量一看就比较出来了，左图这张你要单独看还凑合，但一有比较之后，立马就 LOW 了，你这要是真的混在成千上万的产品图片中，是肯定不会被人注意到的。

下面呢，我们就具体以图为例，看一下它的几个标准。

1. 主图清晰度。

作为一般产品的主图，我们建议像素在 600×600 以上为佳，这在整个互联网界都是通行的。

拍摄这样的图片，不建议用一般手机、相机。一定要用专业相机，甚至单反相机。

现如今很少有人拿裸图来作为主图，所谓裸图就是不加任何处理的图片。一般都要对图片作专业处理，比如后期抠个图、做个背景、弄点光线效果，等等。一是好的专业性图片才能发挥出制图软件的能力；二是每一次的图片处理都有可能会损失像素，所以单反专业相机拍摄是上佳的选择。

2. 主图大小适中。

或许你会觉得这个观点很 LOW，谁会那么没图感，大小适中都做不好？

下面我们来看图说话，如图 5-3 所示。

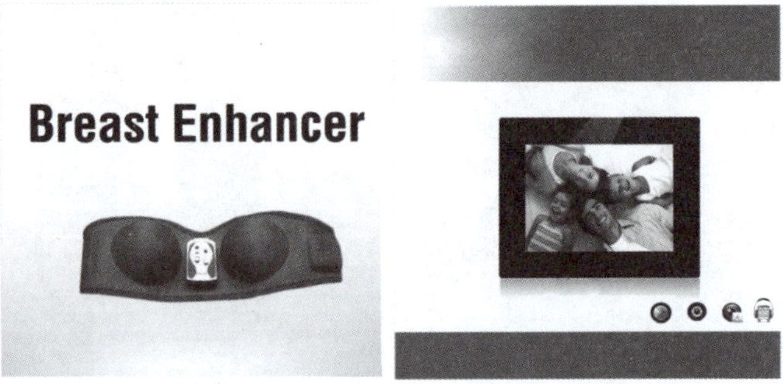

图 5-3　示例图

其实这些图本来主体应该更大一些的，但它们加了些边框、色彩、文字等，硬生生地挤占了主体的展示面积，这种做法是不可取的。

3. 主图背景干净。

主图有干净的背景做应衬也是十分重要的，如图 5-4 所示。

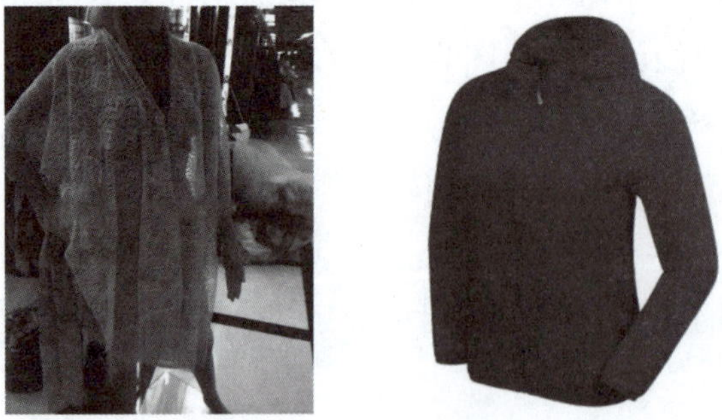

图 5-4　示例图

图片一对比就看出差距，图 5-4 左图是类似杭州四季青、上海七浦路的一个街拍，背景杂乱，很容易混淆视线，让人感官不舒服；而右图可能本身也不一定多高端、精致，但经过专业处理，除了清晰度更高之外，还立马比左图显得有档次。

4. 主图主体突出。

主体突出就是别让产品本身淹没在杂乱的环境和一堆堆的文字描述中，如图 5-5 所示。

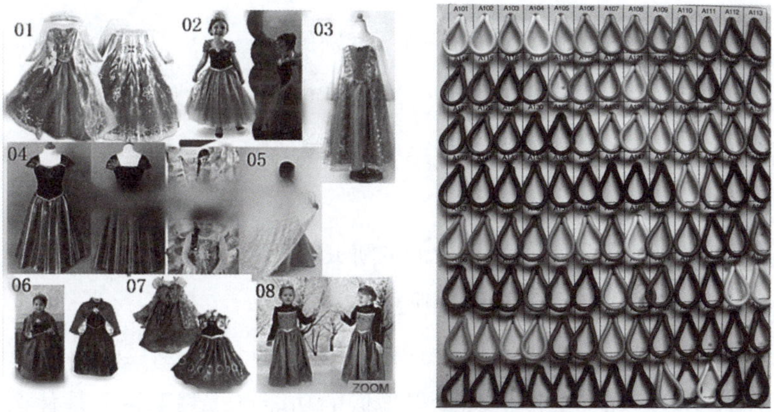

图 5-5　示例图

图 5-5 所提供的图片应该还算是大的，但如果是作为产品主图在搜索结果页面缩略显示的话，会是一种什么效果——压根就没法看清楚。试问，哪个买家愿意睁着一双水汪汪的大眼睛来细细研究你的产品？所以，主图的主体一定要突出，不然一压缩，压根就看不清楚了。

听张哥这么一解释，我基本也就明白什么是好的主图了，产品类型虽然都是种类繁多，五花八门，但这几个要素是万变不离其宗的，掌握了这几点，也就差不到哪儿去了。张哥为了让我更真切地了解什么样是买家喜欢看到的好图片，随意拿出几张，让我开开眼，如图 5-6 所示。

图 5-6　示例图

张哥噼里啪啦地打开在线批发的网址，随手就找了几张图片给我看，要不说很多东西都需要有参照、有比较呢，人家做得好的图片还真是赏心悦目！

我：确实让我服了，用心做的的确是不一样，那你刚才说主图和细节图要求还不一样，有什么区别呢？

张哥：当然不一样啦，毕竟这两者在功能上还是有实质区别的嘛，先考考你，主图和细节图，你觉得他们的功能点、侧重点会是什么？

我：我按我的理解说啊，您随时指正。在我看来，主图主要是吸引人眼球用的，而细节图可能更多是给人介绍产品用的，直观地展示细节，配合阐述产品的功能特性之类。

张哥：你可真是反应快啊，刚一点拨就触类旁通了，我觉得已经讲得比较到位了，正如你说的，细节图顾名思义就是阐述展示细节用的，所以它不一定要华丽，但一定要清楚、丰富、展示到位。总结下来，细节图基本需要具备几个特点。

1. 强调细节和使用环境展示。

这一点说明不光是细节，最好加上使用环境的展示，简单点讲，就是衣服你得让人穿着展示，别平铺在床上拍一张就得了。同理，MP3 你得让人戴起来拍，行车记录仪你得安在车上拍。

2. 图片风格保持一致。

因为细节图往往是多图，所以很多供应商图方便都会东拼西凑，各种类型、各种光感的图片往那儿简单一堆就完事。这个还是很影响视觉感官的。毕竟现在我们做的是互联网贸易，第一要素就是看，你没有见过有人用鼻子在电脑屏幕前闻的吧！

所以视觉感官是很重要的，而风格一致是一个很必要的标准，基本可以这么来理解，有一致的背景色，一致的边框，一致的大小，一致的清晰度。只要做到以上几点，整体感觉明显会提升一个档次。

3. 图片数量不应少于 6 张。

6 张是我通常会给客户的建议，但记住这是个底线，我们来排排看，产品多角度的展示至少应该是 2 张；产品包装需要 2 张，毕竟多数是走快递，包得好不好应该是有人关心的；生产车间流水线也需要 2 张，也算是给产品质量加码，让更多的买家能放心。这么一算已经 6 张了，按照我们给供应商的一般要求，产品的多角度展示这个部分的细节图可能就要求 8~10 张。

张哥对我说，基本要求就是以上几点，好的图片也是细节抓起的，听着很基本的几个要求，如果你要都能做到，绝对给你的产品加分不少。以下是可以赢得买家关注的好的细节图展示，如图 5-7 所示。

图 5-7

听了张哥的讲解，我最大的感触就是，很多事儿总是想想简单，操作起来还是需要很讲究的。

张哥看到我若有所思的样子，告诉我，凡是不能着急，我也是在公司入职多年，不断地接触客户，不断地学习才慢慢积累熟悉起来的。

我：那除了这图片之外，还有其他要准备的？

张哥：还有几点，重要性可以说比图片有过之而无不及。

除了图片之外，在线批发的商品和普通商品还有一个很大的区别。毕竟它是交易类型的产品信息，所以每个产品信息会牵涉到很多交易方面的信息，例如价格、MOQ[①]、发货期、物流费用、包装形式等，这些信息是原来普通的产品信息所不具备的，这个你也要事先准备好。

我：明白明白，要做线上交易，这个还能没个数？回头我一准弄好，你挑其他重要的讲，还有什么重要的？

张哥：这么自信啊，怎么听这口气不像新手啊，哈哈。得，那我先讲其他重要的，咱们做线上贸易，就好比开公司创业，你公司开了，产品上来，有销售了，是不是还得开个银行户头呢？

我：那可不，做生意做到底不就是为了见着现钱嘛。

张哥：线上贸易也是一样，你得开个收款账户。

我：必须的，银行卡我有，不是不是，我的意思是银行卡我们老板有。

张哥：两码事儿啊，有银行卡不够。这么说吧，一方面，线上交易是个不见面的过程，这个过程势必需要第三方的介入，例如国内的支付宝这样的担保体系，海外贸易的类似 PayPal，那衍生到在线批发呢，阿里巴巴就有一个适配的工具，就是前面提到的，大家都喜欢称之为国际版支付宝的“Secure Payment”。你需要先注册开通这个支付工具作为你的线上收款账户。除此之外，我们设想一下，买家把钱打到你的支付宝账户了，你下一步怎么办？

---

① MOQ，国际贸易术语：最小订单量。对每个产品设定建议订单量是补货的方法之一，另外要注意订单的有效性，这是由供应商制定的准则，比如说最小订单量、包类数量和方式等。采购者的建议订单量是在这个基础上制定的。

我：还有下一步？

小张：必须的呀，你难道直接就让钱躺在“Secure Payment”里面啦？你要是去进些原材料，给员工发个工资啥的，你难道直接让“Secure Payment”打给你的供货商，或者直接转给你员工？当然啦，作为我们阿里巴巴来讲，乐于看到这样的事情发生，也是我们奋斗的目标，但现阶段显然还是有难度的，缺乏现实支撑的。你得准备个提现账户，用于把钱从虚拟账户转到现实银行卡中。

这两个账户方面的工作呢，最好也都提前准备起来，别等人家看上你东西了付不了钱，或者人家付了钱你不知道怎么变现，对吧？

我：所言极是，要不怎么说需要你来指导一下呢，我毕竟还是个新手，不了解的门道机关还很多啊。

张哥：行，做到我现在给你讲的几个准备，你就可以开始去发布产品，打理店铺了。

叮当提醒

做线上贸易，要做好两方面的准备工作：一个是产品资料的准备，一个是和账户相关的准备。

产品资料主要分为文字资料和图片资料，以图片为例，如果是主图：需要做到清晰，大小适中，背景干净，主体突出这四个要素；如果是细节图片，那就要做到：强调细节和使用环境展示，图片风格保持统一，图片数不应少于6张。

做好账户的准备，申请开通第三方支付的“Secure Payment”，同时设置好用于从“Secure Payment”提现的银行卡账户。

张哥给我讲解的这两部分，我现在就着手准备起来，等这些资料准备得差不多时，我还得向张哥请教一下发布产品和店铺打理过程中需要注意的事迹。

5.2 在线批发的发布技巧

时间过去了3天，这天中午，张哥正走在拜访完客户回来的路上，就被我有幸地遇到了。

我：张哥，上次说的在线批发的事，我这还有好多问题需要向你请教呢，不知你有没有时间？

张哥：行，提点新人也是我们应该做的。再说，你这么上进、肯学，我下午就去找你。

下午，吃过午饭，张哥果然如约来到了我们公司，我看到他的到来，连忙迎了上去。

张哥：你可够快的，这才几天工夫，资料都备好了？

我：必须的，这事要么不做，做了就得有执行力，那天你一走，我就回家取了我的单反直奔仓库和陈列室去了，在里面泡了很久，靠着美图秀秀和PS（Photoshop），把图片资料都准备好了，当然，好些图片我觉得自己弄得不好，还特意上淘宝找图片处理的卖家去做的图呢。

张哥：呦，这窍门你都知道。

我：早就知道淘宝有这类卖家了，人家是专业的，处理效果好，效率又高，关键是也不贵，几块钱一张，都能承受，何乐而不为呀。

张哥：有前途，知道合理地协调安排资源，那“Secure Payment”和提现账户呢？

我：这些内容页面都有详细的操作指导，按步骤已经都做好了。

张哥：行，那接下来就是创建产品，其实这个也不难，技术性的内容你看着提示就好了，阿里巴巴的后台还是比较完善的。这样，你先看着文案指导发，我在边上看着，有问题我随时提醒你。

我：好主意，这样边做边指导，印象最深刻，那我就发了。

于是，我就坐在座位上发起了产品，张哥则坐在边上，目不转睛地盯着电脑屏幕。真的就如他所言，界面提醒文案什么的都还比较到位，这样，我发的过程也比较顺利，但是到了填写价格这一部分，我却卡住了。

我：张哥，这线上销售要明码标价，我是知道的，但怎么有两个价格要填呢，出厂价、活动价，到底哪个为准啊？

张哥：这是线上交易的一特点，你就直接换个概念来理解，理解为原价和现价。线上贸易毕竟是营销元素比较浓的一种方式，商家或者说供应商会有很多促销、活动的需求，自然在价格上就会引入两个概念。你要是目前没有什么活动，那你就直接填写一个出厂价，活动价就不用填了。

我领会了张哥的意思，就继续发布产品。

我：张哥，这线上贸易和传统贸易就是有区别，从它的概念就能看出来呀。

张哥：你现在看到的是最简单的一种多价格模式，以后你会看见更多的形式。你听说过阶梯价吗？

我：老 A 教过我的，就是买得越多越便宜。

张哥：不错，这是批发形式最典型的表现，买得越多越便宜，不同的购买量对应不同的产品价格，这也是多价格的一种形式，而且是在线批发中是很常见的，等你习惯了基本的操作模式，我建议你日后也尝试下这种计价。

张哥：对了，MOQ 这块你有什么看法？

我：咱们是做批发的，肯定不能是 1 啊。

张哥：那公司在这方面有什么统一的标准吗？我记得咱们平时都是出大货的吧。

我：平时是的，但我们估摸着刚接触线上交易这块，不管是买家的偏好，还是自身作为一个新入行的企业，并不占什么优势，老板不对我做大货的这种限制，也就是说 MOQ 放小点也允许我做，放长线钓大鱼嘛。

张哥：你说得不错，但在 MOQ 这块，需把握好它和运费的平衡点。

每个人都是有防备心理的，凡事都是由小到大的，不要让自己被长期以来的大货观念给束缚住了。在设置 MOQ 的初期要学会找一个平衡点，就是尽量在不影响 MOQ，或者说尽量在不大幅提升 MOQ 的前提下，让每件货物平摊到的运费实现最小化。打个比方，不是所有的货都是刚好 1 千克重的，可能是 0.2 千克，而国际快递的重量阶梯一般都是起重 1 千克，也就是说这个时候你 MOQ1 和 MOQ5，其实运费是一样的。那么如果 MOQ5 对批发客户来讲都是比较常见的，你就尽量设 5，而不是去设 3 或 2 作为 MOQ。这就是我说的 MOQ 与运费的平衡点。

听完张哥对 MOQ 的讲解，我又投入到产品发布的工作中，突然张哥皱起了眉头，还伴随着两声咳嗽，那意思明显就是让我停下来。

张哥：我对你们公司应该还是比较了解的，我怎么不知道你们公司的产品发货速度这么快？一般不都是在 7 天以上吗？我看你写的是 3 天。

我：不都说线上贸易强调的是效率吗？我想买家应该也是很看重这个概念的吧，所以就写得少点。

张哥：那事实上能到这个速度吗？

我：这个嘛，你也知道的，我们是有一定空间的，可以努力努力的。

张哥：当然，努力是没有问题的，但我觉得你设定的空间有点大。你的出发点是没错的，做线上贸易，做跨境电商，效率是很重要的一块。性价比、服务、效率，都是买家考虑重要因素，但在此之上还有一个很重要的原则，那就是诚信和真实。

我：这和发货周期有关系吗？

张哥：当然，发货周期是买家关注你产品很重要的因素，因此，所谓期望越大，失望也就越大。买家当初要是冲着你的高效发货选择了你，你却拖拖沓沓的，你想买家会怎样？轻则抱怨两句，甩下一句下次不来了；重则会投诉你，你可别忘了，买家的钱不是直接打给你，而是在第三方账户“Secure Payment”里面的，他是可以发起纠纷的。你要知道海外买家对待产品会更认真、严肃，更重视优质的服务。我就以阿里巴巴的在线交易平台来讲，这里还存在一个概念，叫“发货超时”。

发货超时，就是你没按约定的时间发货，这个约定指的就是你发产品时填写的发货周期。超时了，系统就会直接把“Secure Payment”的货款退回给买家。所以说发货周期要认真填写，提升效率是应该的，内部可以简化流程，多备货，但千万不要随意写，更不能随意往低了写，适当的时候，还是要预留些空间的。我们无论是做线上贸易，还是批发、零售，强调的都是信誉，是个积累。

还有就是真实这个概念，不光是指发货期，还要注意一些计量单位，类似长、宽、高、重量，一定要很清楚准确，另外一些重量信息到底是净重，还是带包装的毛重，一定要弄准确。

我：这是为什么？

张哥：运费啊，你的每个计量指标都会直接影响到最终产品的运费，国际快递的运费可不比国内快递，江、浙、沪 5 块钱还包邮，多点少点无所谓，但国际快递虽然这几年随着外贸发展，运费已经较之过去有了大幅降低，但毕竟还是相对较高的，你一点计量单位的失误就可能造成运费上浮一大截。线上贸易可不像以前的询盘来往，运费有什么问题都可以慢慢确认，慢慢谈。线上贸易运费是系统根据你的产品体积、重量，以及买家的订单、产品数自动计算出来，并显示在前台的，你要是运费偏高了，直接就把买家吓走了，谁还会给你机会去协商调整呢？

我：运费不是有个运费模板吗？

张哥：对，那基本的设置方法是懂的吧？

我：这个没问题，通常是我们的货代给我们报价，按照目的地，把各大主要商业快递的报价按规则设置好，这就是运费模板。

张哥：对，设置好运费模板后，因为系统已经收到你报价了，用什么快递到哪个地方，运费每千克或者每立方是什么价格，系统自动乘上买家要的货物的重量体积，自然就算出运费了，这还是比较简单。

但是，这里有 3 点需要注意的地方。

第一点，国际快递的报价可谓风云莫测，浮动比较频繁且辐度比较大，这个一定要留意，要及时根据货代报价的变动调整你的运费模板。

第二点，设置好运费模板，并实际应用到产品之后，最好能马上去前台的展示页面去核对一下，从买家的角度来看，这种设置是否正常、正确。

第三点，是和运营相关的，运费模板不要只设置一套，还要准备套包的模板。

因为海外买方对包邮这套比较喜欢，所以包邮商品比非包邮商品被选中的概率大，而且你要知道，平台的很多运营活动都会和包邮搭上关系的，招商的时候头条往往就是包邮。

我：那包邮模板，怎么设置？

张哥：也简单，像咱们在线批发设模板的时候，价格选项里就有卖家包邮的选项，你直接选就好了，哪怕其他的平台没有这个功能，大家也会直接按照目的地，把各大主要商业快递的运费价格设零，这样就可以了。基本的几招就是这样了，其余关键词的设置，类目的选择，应该都没有问题吧，和你平时发那些普通的产品信息是一样的，无非就是关键词尽量多覆盖点，适当的试试长尾词、蓝海词，类目一定要设置准确，我相信你都已经驾轻就熟了。

我：可是张哥，你还没告诉我，我发多少合适呀？

张哥：我就这么和你说吧，发全是必须的，发多是不会亏的，这句话你记住就行了。线上讲的就是个曝光，没有曝光你做得再好都是没用的，足够多的产品是曝光的基础保证。

张哥让我抓紧时间发产品，等过几天有空再来检查我的工作。跟着这么一位细心的前辈，真是我的福气啊。

5.3 在线批发的营销策略

时间一晃又过去了半个月，都说阿里巴巴的客户经理不是在客户那儿，就是在去拜访客户的路上，这个着实一点都不假，“铁军”的称号真不是白来的。最近张哥的确是比较忙，天天奔波在拜访服务客户的路上。稍有时间空下来，张哥仍然想起了我。

张哥：最近几天怎么没动静了啊？前阵子还热火朝天问题不断的，又遇到什么问题了？

正在座位上苦闷的我，听到张哥的招呼，就像见到救星一样。

我：可不是嘛，我这是真的用心忙活了半个月，你是不知道，但凡是睁着眼睛的时候，基本都围在电脑边。可这半个月下来，却没什么动静。

张哥：半个月意志就成这样了，没人告诉过你，电子商务永远不是一蹴而就的吗？前期你只是干了基础的活，筹备了账户、发布了产品，真正运营方面的事你还没干呢，难不成你还想开了个店，就坐在店门口等客人上门？这绝不是互联网的运营思维。

我：那你的意思是？

张哥：很简单啊，你都做了这么长时间的电子商务，难不成还不清楚电子商务最重要的是什么？曝光是咱们比较口语化的称呼，其实就是指流量。说白了就是你得把自己的商品搬出去，就好比在超市卖的商品，你不能指望一直老老实实地躺在货架上等别人来挑选，你得和超市洽谈，争取好的摆放位置，甚至是你要逢年过节或者周末，雇人在超市各大重要地段摆个小摊位免费体验。当然，这就是一个比方，说到底就是要关注排名，争取曝光。

我：怎么争取呀？你这道理我都明白，可曝光都是要花钱的呀，你就是让我花钱呗。

张哥：我不否认，排名竞价是曝光赚流量的一个途径，但绝不是唯一途径。

从来源上来讲，电子商务领域流量是分为两种形式的，一种是排名流量，一种是引流得来。

先说排名，排名当然可以花钱买，这也是各大网站平台的通行做法，但除此之外还是有些技巧可以提升排名的。

这就要靠玩电子商务的基本功。产品信息一定要详细完整，产品的关键词一定要尽量地覆盖完整，产品一定要保证新鲜度，尽量做到更新频率短、平、快。另外，应用到线上贸易这块，就是前期交易的积累，即销量。如果前期曝光得比较少，想积累就更难了，如此下去就是恶性循环了，没流量造成没销量，没销量影响排名，排名不好又反过来更没销量。这时，就要靠引流。所谓引流得来，就是你也许拿不到超市的黄金位子，但你可以雇个人员站在超市的主要路口促销，免费试吃推荐产品，这也是一种很好引流方式。

电子商务，就是要强调营销活动。要随时关注运营小二的一些活动公告，只要是和自己产品关联的，都要去争取一下，毕竟有时候一次活动的流量带来的订单数量可能一下子就能把你的订单量给冲起来。这就是为什么很多卖家，宁可亏本也要整出个爆品来参加各种平台的活动，因为这个爆品带来的流量对其他产品的销售能带来很大的促进，同时这一波订单所带来的积累，对产品后续的排序曝光都会产生正面影响。

听到这里，我才恍然大悟，我还纳闷怎么每次活动都有那么多超低价格的产品，看着都亏本似的，还以为有补贴呢，原来是这么一回事啊。

张哥：咱继续，还没完呢，说起这个营销活动啊，我还得给你几个建议。

现在的阿里巴巴店铺都是有网页装修功能的，在店铺有一定流量基础后，也要适当加强对自己店铺的装饰，而且不见得一定要等着小二的活动，自己在店铺内也可以组织一些活动，比如包邮、折扣、清仓等，加强店铺内流量的转化率。这只是第一步，光有流量，光有排名可不够，买家要都是过客你也不见得能好哪里去。你还得有好的转化率，就是让看见你产品的人有点击的欲望，别远远瞄一眼就走了，因此影响点击的因素就是你的图片要有吸引力。然后产品标题要清晰明了，阐述产品内容的同时要突出产品优势。最重要的就是价格、MOQ。要找平衡点，尽量在不影响 MOQ 的前提下，把含运费的商品价格降到最低。这些都是影响转化的因素。

我和你说的这些，最后还是要靠你平时来积累的，做跨境电商，面对着一帮看不见摸不着的海外买家，要学会积累经验，揣摩分析海外买家的行为习惯和沟通方式。

随后，张哥回到公司，细心打听了运营小二最近的活动支持，指导我报了名。不过，我也是很给力的，从老板那里争取到了最好的价格，挑了最受欢迎的产品去参与并最终入选了。接下来的这段时间，我就投入到了紧张的运营工作中，开始装修店铺，关注排名。

5.4 在线批发的售后服务

一晃又是半个月过去了，这段时间，张哥很关心我的工作状况，时不时就会给我打电话。

我：张哥，这么说吧，比刚开始那时好多了，虽说还没有到订单如潮的程度，但已经是挺多了，现在是整天办公室、仓库两头跑，今儿还有好几票货要发北美呢。

张哥：我的说吧，只要找到技巧，有那个投入的心，跨境电商一定是有机会的。从现在开始，服务要跟上，咱们现在的贸易已经不是过去那种，我便宜卖你，然后什么都不管的年代了。订单的处理一定要及时，客户有什么问题要及时解答跟进，像那种发货通知之类的千万不要忘了填。

我：忘不了，顶多有时候忙了，稍晚两天填，忘是不会的。

张哥：别掉以轻心，晚几天也要慎重，平台判断你是否按时发货，就是看你的发货通知，你要是晚几天也要注意不要超出发货期，不然被判断为没有按时发货，钱会被退回去的。

我：哦，还真没考虑到这个，还好现在订单量没到爆棚的份儿，不然稍不注意还真有可能发生你说的那个情况呢。张哥，你刚跟我说售后要跟上，我对产品是有信心的，但还是想听你说说这售后服务到底该怎么做呢？

张哥：其实售后服务简单理解就是有服务人员及时响应客户的问题，然后最好有退换货保证。

我：响应不是问题，我基本除了睡觉都在线，现在时差也慢慢在往欧美那个时差倒，再不行，业务大了，多找俩人轮班。但这退换货，隔着那么远，可能有问题，成本太高了呀。

张哥：是的，所以以前的外贸都是只管出货，售后都是经销商自己负责。但我给你个建议，你们自己斟酌一下是否可行，那就海外仓。

现在很多公司有在做这个东西，自己去海外找仓库，然后走海运的方式过去，把省下的快递运费用在仓储费上。这样呢，售后退换货有保证，而且发货周期还短，买家满意度自然就更高。当然，也不用遍地建仓，找几个重点的市场，比如美国建一个，欧洲建一个，一般也就够了。

张哥：实在没实力自建的，可以考虑加入我们的海外仓组团计划。

我：你们还有这个服务？

张哥：有啊，就跟你参加活动似的，推荐你自己的产品报名，审核通过，入选之后才能入仓，尽管做不到包仓，但好的产品进去一两款还是可以的。

我：那条件呢？

张哥：和你报名活动一样，会审核你的产品、价格、产品质量，以及各种认证。另外，还有什么不清楚的，可以打阿里巴巴电话服务热线咨询，凡是阿里巴巴国际版块的业务你都可以问，我们叫供应商服务热线。

在张哥长时间的指导下，我基本开始上道了。张哥对我说的一句话，我一直牢记在心："做跨境电商很重视积累，订单的积累、评价的积累、人气的积累都很重要，千万不要三分钟热度，要有持续性。能保持住的话，将来一定是会很有前途的。"

6 网上贸易之出击在线营销

SEO在是一种非常“陈旧”，同时也非常“新颖”的跨境电商引流方式。在国外SEO早已经成为每家电商必备的成熟的引流方式。而在国内，SEO的蓬勃发展是最近几年才有的事，无论是对电商平台还是独立电商网站来说，SEO作为跨境电商中十分重要的、基础性的引流和销售方式，在跨境线上营销中有着不可代替的地位。通常在跨境电商的成长阶段，SEO不仅能够带来稳定的销售，往往还能撑起整个网站或者平台的发展。而对于一家成熟的电商或平台来讲，SEO则是众多渠道中能带来最多新客户的渠道，某种意义上讲，SEO是其他营销渠道做好的基础，例如PPC、联盟营销都和SEO有着非常紧密的联系。在数字营销领域会SEO的人去做其他渠道会很容易上手，而其他渠道的人来做SEO却上手困难。与其他营销方式相比，SEO特有的免费、转化高、流量持久、带新客户能力最强等特性也使它成为广受欢迎的营销手段。

作为刚刚接触跨境电商的外贸业务员来说，SEO是一种很新、很神秘的营销方式，因此对于SEO的认识和学习往往容易浅尝辄止，或者是陷于迷茫。其实对于SEO来说，最为重要的就是实际操作和不断地通过各个渠道学习成长。能跟随经验丰富的专业人员学习当然是最好的，但是如果没有这种机会，一定要学会深入地理解并使用搜索引擎来学习。这样才能不断地提升自己的能力，最终成为一个合格的SEO专业人员。

【引子】

人物1：小嘉（陈述者）是一名新手电商外贸业务员，刚刚入行从事在线营销，在业务工作中遇到了很多问题，心情很LOW。

人物2：吴哥，本行业大咖，大家习惯称他为吴Sir。小嘉工作上的指导老师。

今年是我进入电商外贸行业的第一年，虽然对自己从事的行业有个大致的了解，可业务水平很LOW，所以每天来到公司，总像头顶着一片乌云，心情也很LOW。这天，得到了一个让我兴奋不已的消息，公司推出“一帮一”人才培训计划，而大名鼎鼎的吴Sir就是我的老师。这下，一直困惑我的许多业务问题都可以让他手把手教我了。

6.1 什么是跨境电商中的SEO

我：吴Sir，我最近在学习推广我们公司的外贸平台的时候遇到了一些关于SEO引流的问题，能向你请教一下吗？

吴Sir：当然，从现在起，我就是你“一帮一”的老师，有什么问题，你尽管说。

我：那我就不客气了，我看了很多资料都说SEO对我们做外贸平台非常有帮助。但是，我对于什么是SEO还是不太清楚，而且越看越糊涂了，好像这个SEO非常技术化，到底什么才是SEO呢？还有就是SEO到底能给咱们做跨境电商起到什么作用呢？咱们作为卖家该怎么做SEO呢？

吴Sir：这个SEO你不用理解得很复杂，说得简单点，你平时肯定用过百度或者谷歌吧，你搜索一个东西的时候，搜索结果里面都是按顺序排列的，SEO就是把我们外贸平台在搜索引擎上的搜索结果尽量地往前排，这样我们就能获得更多的流量，也能获得更多的询盘了。再给你举个例子，你到百度里面搜索一下打火机，如图6-1所示，你看这些展示出来的搜索结果，都是从上到下排列的，要是我们的搜索结果能排在第一个，通常获得的流量和询盘会比第二的多，SEO 的工作就是尽量地提高我们的排名。现在，你应该明白什么是 SEO 了吧。

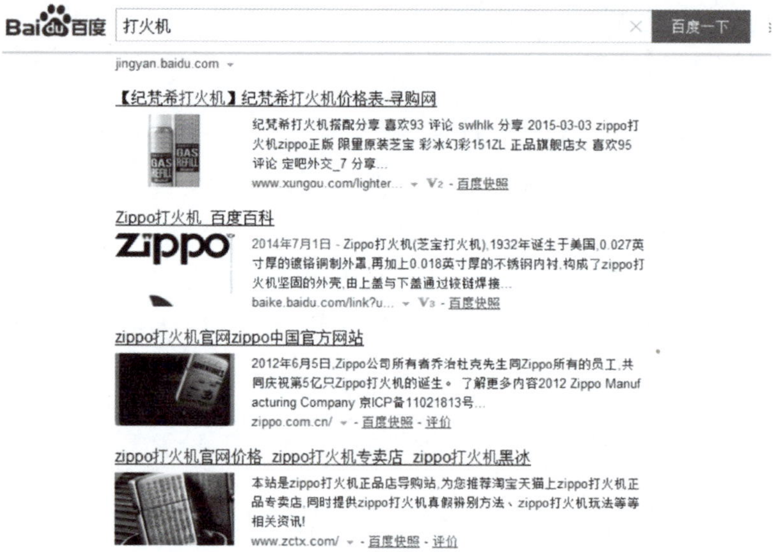

图 6-1　示例图

我：哦，这样理解起来很简单很多了。那都说 SEO 能给咱们外贸平台带流量，到底 SEO 对咱们做外贸平台有多大帮助呢？

吴 Sir：这样说吧，SEO 为咱们外贸平台带流量的这个帮助非常大。SEO 有这样几个特点。

首先，SEO 带来流量的询盘转化率是最高的。SEO 带来的流量占咱们整个外贸平台流量的 20%～30%，这个比例听起来并不高，但是 SEO 带来流量的询盘转化率确是最高的，约为 3%。也就是说，SEO 给咱们带来 100 个流量的同时，就能带来 3 个询盘，这个询盘转化率可是比别的渠道带来的流量高出 3～10 倍啊。

其次，SEO 是一种免费的带流量的渠道，也就是说做 SEO 只需要咱们自己付出点人工就行了，不用再花别的钱，这跟其他的引流渠道比较也是非常大的优势。别的渠道相当于是花钱买流量，而这些买来的流量的转化率却不如SEO的流量的转化率高。简单点说，如果你花100元钱买来了100个流量，一般最多也就能有2个询盘；而SEO不仅不花钱，同样100个流量却能带来3个询盘。

最后，SEO引来的流量还有个特点那就是，持久性。SEO是一个非常稳定的引流方法，不会像其他付费的渠道，你一天不花钱就没有流量，SEO一旦做好了流量是会持续来的。一般情况下能维持半年到一年，如果维护好了，能够长期地引流。同时SEO这个渠道也是开拓新用户最好的渠道，100个通过SEO来的流量里面有20个左右是我们的新客户。

我：这么说SEO还真的是一个非常不错的引流方法啊，那SEO有没有什么不好的地方呢？

吴Sir：这个其实也是有的，SEO引流效果比较慢，一般来说，要2个月才能初见成效。所以SEO越早动手越好，早一天动手就早一天获得更多流量。

我：听你这么说，SEO整体上来说还是非常不错的，那我们作为业务员操作外贸平台的时候该怎么做SEO呢？

吴Sir：这个问题说容易也容易，说难也难，想要成为SEO高手确实不容易。但是，你作为一个刚刚开始踏入跨境电商行业的新人，没必要了解得那么细致，只要初步掌握SEO技巧就行。我跟你说一下在我们外贸平台上非常实用的SEO技巧。

SEO最重要的是一开始找准好的关键词。好的关键词就是和我们的产品相关度高，在搜索引擎上的搜索量高，满足这两个条件就能算是上是好的关键词了。

我：那我们怎么找好的关键词呢？

吴Sir：来，你现在打开电脑，我一步一步教你如何找好的关键词。

谷歌有一个工具可以帮我们来找好的关键词，叫“Google Adwords Keywords Planner”。

第一步，你先到“Google Adwords”注册一个账号，注册网址是

“https：//adwords. google. com”，在右上角找到“立即开始”点击进去，如图 6-2 所示。

图 6-2　示例图

在这个页面上，如果你已经有谷歌账号，并且希望同样也把这个账号作为关键词工具的账号的话，就选择第一个；如果不希望，就选第二个。这里我已经有一个谷歌账号了，所以我选择第一个，你可以根据你的喜好来选择，如图 6-3 所示。

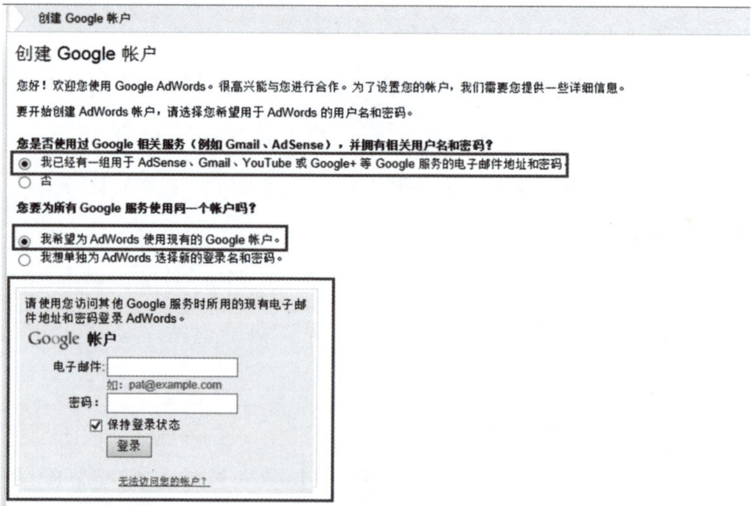

图 6-3　示例图

点选第一个选项后，就出现了谷歌账号的关联选项。这时你可以选择是否把你已经有的账号与关键词工具进行关联，甚至密码也可以进行关联。如果你能记得住众多密码的话，可以设置不同的密码。完成这一步注册号，你的关键词工具账号应该已经激活了。

我："Google Adwords" 账户激活之后怎么做呢？

吴 Sir：第二步就是"登录"了。

回到最开始的登录页面"https：//adwords. google. com"，填入刚刚注册好的用户名和密码，点击登录，如图 6-4 所示。

图 6-4　示例图

我：登录之后，我需要做什么呢？

吴 Sir：现在我们就来试着去找一个好的关键词。我们进入"Adwords"的主界面点击"工具与分析"，然后在跳出的菜单中找到"关键词工具"点击进去，如图 6-5 所示。

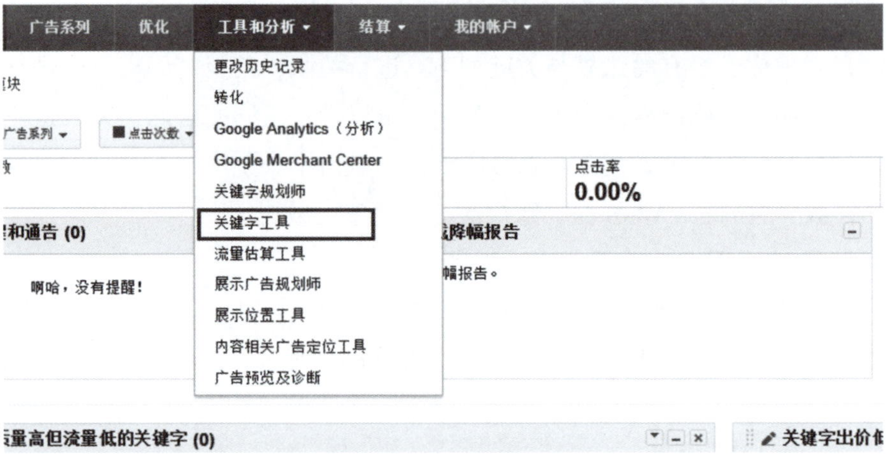

图 6-5　示例图

现在我们来到了谷歌关键词工具的页面，如图 6-6 所示。

图 6-6　示例图

我们用一个关键词来演示如何查询关键词，就用“三星手机”吧。在“关键词或词组”一栏中填入你要查询的关键词“三星手机”，在下面的“高级选项和过滤器”后面的“地理位置”、“语言”、“设备”子项中，我们分别填入“美国”、“英语”和“台式机及笔记本”。在左下方的“匹配类型”中我们通常选择“广泛匹配”。然后点击“搜索”，操作如图 6-7 所示。

图 6-7　示例图

吴 Sir：现在我们就可以看到关键词的一些搜索量了。

我：是啊，这个工具真好用，但是这里有两种搜索量，一个是全球月搜索量，一个是本地月搜索量，这两个搜索量具体是什么意思呢？

吴 Sir：这些搜索量是谷歌上这个关键词 30 天的总搜索量，所以你如果要想知道这个关键词每天的搜索量还要除以 30。全球搜索量指的是，这个关键词在全球范围内英语语种下 30 天的搜索量。而本地搜索量指的是，你刚刚选定的美国 30 天的搜索量。一般来说，我们只要看本地搜索量就够了。当然，我们在为自己的商品选关键词的时候，肯定是要在这里查和我们相关的关键词的了，并且要选出那些搜索量相对来说比较高的，如图 6-8、图 6-9 所示。

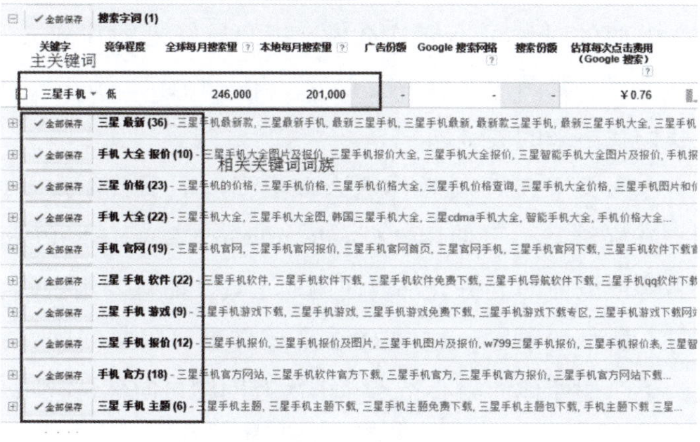

图 6-8　示例图

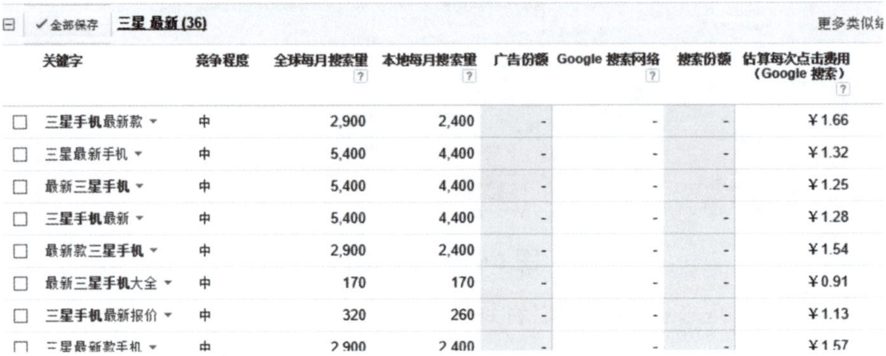

全部保存　三星 最新 (36)　更多类似

关键字	竞争程度	全球每月搜索量	本地每月搜索量	广告份额	Google 搜索网络	搜索份额	估算每次点击费用（Google 搜索）
三星手机最新款	中	2,900	2,400	-	-	-	¥1.66
三星最新手机	中	5,400	4,400	-	-	-	¥1.32
最新三星手机	中	5,400	4,400	-	-	-	¥1.25
三星手机最新	中	5,400	4,400	-	-	-	¥1.28
最新款三星手机	中	2,900	2,400	-	-	-	¥1.54
最新三星手机大全	中	170	170	-	-	-	¥0.91
三星手机最新报价	中	320	260	-	-	-	¥1.13
三星最新款手机	中	2,900	2,400	-	-	-	¥1.57

图 6-9　示例图

我：哦，我记住了，有了这个关键词工具，确定关键词的搜索量及挑选关键词就太方便了。那么，当我们确定好了关键词之后下一步该怎么办呢？

吴 Sir：下一步我们就要把这些关键词用起来了。

首先，我们在往外贸平台上上传产品信息的时候，就要把这些关键词写到产品的标题、简介、描述、关键词等项目当中。产品描述当中可以适当地多重复几遍关键词，这对 SEO 也有好处。

其次，我们写产品描述的时候，一定不要全部用图片，没有文字。国内都习惯了像淘宝一样用图片作产品描述，文字都写在图片上。但是，做跨境电商的时候可不能这么做，我们最好是图片和文字交叉着写：一段文字、一张图片，再一段文字、再一张图片。同时，在文字当中要写上我们找出来的关键词。

好了，今天关于 SEO 就教你这么多吧，一下子教你太多你也吸收不了。回去好好练习一下使用“Google Adwords Keywords Planner”，这可是我们做跨境电商的人每天都要使用的工具，而且要用得熟练。

我：好，我都记下了，这 SEO 看来还真是一门学问呢，我回去要好好研究一下，谢谢你的耐心指点，下次有问题再向你请教哦。

6.2 跨境电商 SEO 的趋势

转眼一年过去了，在吴 Sir 的帮助下，我对于 SEO 的知识和操作都比较熟悉了，比如：选关键词，用关键词优化产品标题，用关键词优化产品描述，填写“Meta Keywords”等。基本的 SEO 操作目前已经成为我日常工作必不可少的一部分。但是，在操作 SEO 的过程中，还是会有新的困难不断出现，而且比当初刚刚接触 SEO 时，更为艰难。我每天不停重复着目前的 SEO 方法和操作的时候，每当我细心地查看网站 SEO 所带来的流量和成交记录的时候，都会感到深深的无奈——SEO 带来的流量和销售都到了瓶颈期，很稳定，但是公司希望的是每年业绩都有新的突破，这也正是自己的价值所在。可是，现在的 SEO 对我的业绩增长没有帮助了，这种状况使我陷入了深深的迷茫。

这天我决定找吴 Sir 好好谈谈。

我：师傅，我最近觉得很迷茫，SEO 我也做了一段时间了，但是你看 SEO 的流量也没有很大的提升，而且销售也上不去，我很着急，却没有什么好办法解决这个问题。你做了这么多年的 SEO，经验那么丰富，不知道你有没有遇到过我这种情况？如果有，你是怎么解决的呢？

吴 Sir：你先不要着急，你遇到的这种情况，证明你已经成长了，证明你对原来那些 SEO 的比较基础的知识和方法都掌握得很扎实了。其实，你这种情况当年我也遇到过，我当时和你一样的迷茫和苦恼。后来，我也是经过很长一段时间的摸索才找到了解决这个问题的答案。

我：那你当时是怎么办的呢？

吴 Sir：我当时发现，SEO 做到了一定的阶段，基本的理论知识和技术就已经不能满足进一步流量提升和销售提升的要求了。因此，作为一个非常专业的 SEO 营销人员，你必须时刻关注 SEO 这个行业，以及这个行业最新的动态，进而从中找到新的 SEO 方法提升销量。这并不容易，如果说你之前的阶段只是需要遵照基本的 SEO 知识执行就可以了，那么接下来的这个阶段才是真正的考验，它需要你关注很多业内最新信息，并自己思考、自己总结，从中发现属于你自己的SEO技术，而且最重要的是把这种SEO技术变成实实在在的更多的流量和销售。

听师傅这么一说，我算放心了，原来连吴Sir这么成熟和经验丰富的外贸营销员当年也会和我一样遇到同样的问题。可是，接下来我的问题又来了。

我：师傅，你说经常关注搜索引擎优化的行业动态，并且勤加思考便能从中发现新的SEO技术和方法。那么就目前我们接触过最新的搜索引擎优化的最新行业动态和信息，你能根据你的经验为我介绍一下吗？

吴Sir：没问题，不过这些东西都是我自己总结的，不一定权威，希望对你还会有帮助。

根据我常年的总结，我认为目前跨境电商中SEO的主流趋势有4点：结构化、本地化、移动化、社会化。

我：师傅，什么是结构化、本地化、移动化、社会化？

吴Sir：我来给你具体解释一下。

6.2.1 SEO的结构化

目前谷歌越来越倾向于将经过结构化处理的搜索结果作结构化的展示，同时结构化的搜索结果在排名展示时会有更大的展示空间和排名优先权。富文本摘要①、Schema标注、知识图谱等都是这一结构化趋势的产物。

富文本摘要，是结构化建立在谷歌极为强大的大数据处理能力及人工智能基础之上。这是谷歌最为核心的能力之一，因此在搜索引擎发展的趋势中，结构化无疑是谷歌今后必定会坚持的道路。

我：师傅，我之前也听别人说过结构化，但是听得很不理解。现在

① 有关文本信息标注下文有详细介绍。

你这么一说我明白了，其实结构化是以我们的站内信息为基础的，只要我们把站内产品信息以更为结构化的方法提供给谷歌，谷歌就能够更好地、更结构化地展示这些信息，因为我们的搜索结构更好看了，占的地方更大了，所以能获得更多的流量。

吴 Sir：你领悟得非常快，就像你说的，结构化是以站内信息为基础的，所以一开始就把站内的信息以结构化的格式写清楚是非常重要的。因为，只有这样，咱们才能更清楚、更结构化地把这些产品的信息提交给谷歌。

6.2.2 SEO 的本地化

SEO 的本地化趋势意味着以地理位置、国家定位、域名定位、内容语言分类等的本地 SEO 因子对于谷歌的搜索结果排序的影响越来越大。

根据统计，受本地化因素严重影响的搜索结果与谷歌未收本地化搜索因素影响的搜索结果差异度能够达到 90%以上。换句话说，如果做好了本地化 SEO，你的网站很容易在你针对的本地市场中获得很大的搜索排名优势。

举个例子，在谷歌中搜索“披萨”这个词的时候，如果一家披萨店的本地化 SEO 做得非常好的话，很有可能打败其他未做本地化的店铺，排名靠前，从而获得更多的流量。作为一家网站，如果完全不做本地化 SEO 的话，那就意味着你会丢掉很多本地的流量和客户。

我：我明白了，本地化总结起来就是地域因素在 SEO 影响因素中的比重越来越大，所以我们也要重视根据目标市场进行本地市场的 SEO 优化了。

吴 Sir：是的，你总结得很好，确实如此。

6.2.3 SEO 的移动化

SEO 的移动化趋势，指的是用户的行为带来的流量不断从 PC 网页开始向移动端网页和 APP 转换，同时在移动网页和 APP 上的 SEO 也显得越来越重要。举个例子，你知道现在很多网站都做了移动版的网站，这就是SEO移动化的一个表现，也是由大的流量趋势决定的。

从今年开始，对于电商行业来说，移动端的流量已经占到了相当大的比重。根据2014年互联网发展趋势报告，移动端已经占到了互联网整体流量的25%。目前来说，一家网站如果没有自己的移动化策略并加以实施的话，那么就意味着它将眼睁睁地丢掉将近40%的流量和客户。而且移动端流量发展的迅猛速度及不断扩大的比重已经使得移动SEO成为一个备受推崇的发展趋势。作为一个专业的SEO从业人员，不懂移动端优化将意味着你要被淘汰。所以睁大你的眼睛，盯紧SEO的移动化趋势。一定要好好地学习移动端SEO的方法，争取从移动端找到突破我们网站SEO流量瓶颈的方法。

6.2.4 SEO的社会化

接下来我们来说说最后一个SEO的重大趋势，那就是社会化。SEO的社会化趋势，指的是社会化外链在SEO的外链中已经起到了非常重要的作用，以及社会化平台的内容对搜索结果的影响已经越来越明显，如图6-11所示。

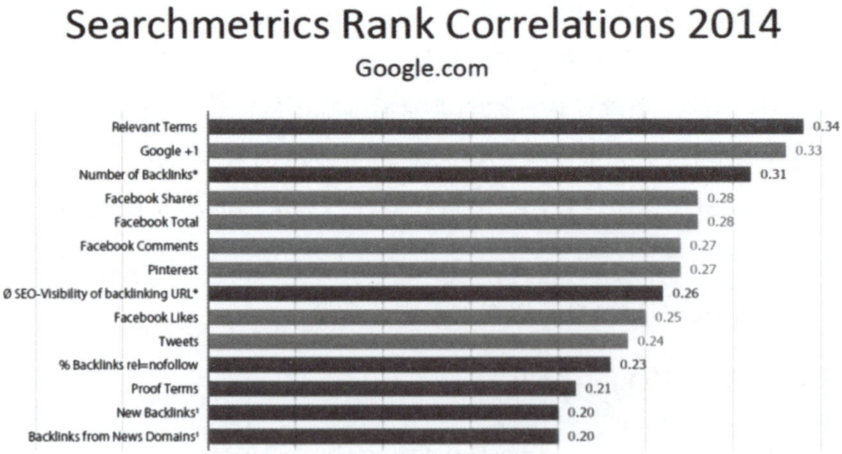

图6-11 示例图

6.3 跨境电商 SEO 的实现

吴 Sir 让我初步了解了什么是跨境电商的结构化、本地化、移动化、社会化概念，接着给我讲解了如何实现它们。

我：师傅，听你这么一说我顿时豁然开朗，我之前觉得 SEO 已经做到头了，现在发现原来 SEO 还有这么广阔的前景。我还有太多要学习的，太多可以做的，我也相信如果我好好学习和研究这些新的 SEO 方法，一定能给我们网站带来更多的流量。

吴 Sir：恩，很好，看到你又有了学习的动力，我很高兴。但是，你不要高兴得太早，我刚刚只是说了一下 SEO 的最新的趋势，要把这 4 个最新的 SEO 趋势变成实实在在的流量还需要通过我们在网站上实实在在地做出来才行。但是，结构化、本地化、移动化和社会化的 SEO 方法是非常高级而又复杂的。因此，再做的时候一定要非常仔细。

我：你说得太对了，我刚刚听了你说的觉得大有前景，一下子高兴过头了。细想一下才发现，我自己都不知道怎么才能把这 4 个 SEO 最新的趋势变成实实在在的流量呢？你能给我说说该怎么做吗？

吴 Sir：当然可以，你做了一年的基础 SEO，现在基础打得已经非常好了，是到了该学习一些高级 SEO 的方法和技巧的时候了。

6.3.1 SEO 结构化的实现

其实，无论是结构化 SEO，还是结构化营销，都在 2014 年异军突起成为网络营销中一个十分明显的趋势。在谷歌上，不仅仅通用搜索推出了富文本及知识图谱等结构化产品，同时谷歌赋予了结构化更大、更重的使命，即通过结构化这一途径进一步实现整合营销。可以说结构化在很大程度上代表了未来搜索引擎及整合营销的发展趋势。如果要我在结构化、本地化、移动化和社会化四大新的营销趋势中选出影响最为深远的一个趋势的话，我想我会毫不犹豫地选择结构化，因为它背后的改变真正意味着下一代搜索引擎的出现，同时它也标志着数字营销新的变革已经来临。但是，在国内目前很多人还没有意识到这一趋势的意义。因此，我觉得应该换一个视角，从网站和搜索引擎互动的角度重新解释一下结构化的意义。

结构化从本质上来说，是网站的数据按照一定的格式给到搜索引擎，而搜索引擎再把这些格式化数据处理后，通过一定的格式在搜索结果中展示出来的互动过程。

1. 数据输入端——网站标注出的数据。

在数据输入端，也就是从网站本身来说，尤其是对中小外贸网站来说，网站上的数据是结构化这一互动过程的开始。或者说，最后你的网站通过什么样的方式被结构化及被结构化的展现出来都取决于以下 3 个最为基础的前提：

（1）网站上有丰富的、原创性的数据。当然，数据包括原创性的文字、数字、图片、视频等多种形式。

（2）网站上的丰富数据必须通过谷歌能很好理解和处理的数据格式标注出来。这件事情看似简单，但如果你考虑到谷歌每天要处理超级海量的数据，并且还要进行高效、清晰地展示的话，这项工程绝对极为复杂。为了很好地处理这项工作，谷歌甚至专门推出了一套用于把数据分类型结构化标注的语法：“Schema. org”（实际上谷歌曾经尝试过几种结构化数据的标注语法，如“Microdata”等，但是目前来看，最为成功，应用最为广泛的还是“Schema. org”）。下面，我们通过实例来看一下电商行业最为常用的 Schema 标注类型及标注的方法。

富文本信息标注

About product offers

A product offer consists of product information (details about the product itself, such as its name, brand, and model) plus one of the following:

- Offer (price and other offer information).
- Aggregate Offer (aggregated details about multiple Offers for the same product, including the lowest and highest available prices).

A Product can include an Offer or Aggregate Offer (using "offers"); or an Offer or Aggregate Offer can include one or more products (using "item Offered"). Use the structure that works best for your content.

When you mark up your content for product information, use the following properties of the schema. org Product type:

Property	Type	Description
name (required)	Text	The name of the product.
image	URL	The URL of a product photo. Pictures clearly showing the product, e. g. against a white background, are preferred.
description	Text	Product description.
brand	Text	The brand of the product.
review	Review	A nested Review of the product.
aggregateRating	AggregateRating	A nested aggregateRating of the product.

offers	Offer	An offer to sell the product. Includes a nested Offer or AggregateOffer.
sku gtin8 gtin13 gtin14 mpn	Text	Various identification properties; these are described at schema. org/Product. Google recommends including brand and at least one identifier for each product.

When marking up offers within a product, use the following properties of the schema. org Offer type:

Property	Type	Description
price (required)	Number	The price of the product. Follow schema. org formatting guidelines.
price Currency (required)	Text	The currency used to describe the product price, in three-letter ISO 4217 format.
price ValidUntil	Date	The date (in ISO 8601 date format) after which the price will no longer be available. (Your product snippet may not display if the priceValidUntil property indicates a past date.)

availability	ItemAvailability	Value is taken from a constrained list of options, expressed in markup using URL links. Google also understands their short names (for example InStock or OutOfStock, without the full URL scope.)
url	URL	A URL to the product web page (that includes the Offer). (Don't use offerURL for markup that appears on the product page itself.)
itemOffered	Thing	The item being sold. Typically, this includes a nested product, but it can also contain other item types or free text.

An AggregateOffer is a kind of Offer representing an aggregation of other offers. When marking up aggregate offers within a product, use the following properties of the schema. org AggregateOffer type:

Property	Type	Description
lowPrice (required)	Number	The lowest price of all offers available. Floating point number.
highPrice	Number	The highest price of all offers available. Floating point number.
priceCurrency (required)	Text	The currency used to describe the product price, in three – letter ISO 4217 format.
offerCount	Number	The number of offers for the product.

路径标注（面包屑标注）

Properties

Breadcrumbs can contain a number of different properties which you can label using Microdata or RDFa markup. Google recognizes the following breadcrumb properties.

Property	Description
title	The title of a breadcrumb.
url	The URL of a breadcrumb.
child	The next breadcrumb in the hierarchy. The child must be another Breadcrumb item.

Examples

The following HTML code describes a breadcrumb trail for a product page on a women's clothing site.

<a href = http：//www. example. com/dresses" >Dresses</a> <a href = " http：//www. example. com/dresses/real" >Real Dresses</a> < a href = " http：//www. example. com/dresses/real/green " > Real Green Dresses</a>

This set of breadcrumbs will appear on the page like this：

Dresses Real Dresses Real Green Dresses

The following sections describe how to mark up this content using microdata or RDFa.

事件标注（活动标注）

Basic markup properties

The full list of properties for an event are described on schema. org/Event. Use the most specific applicable subtype of Event, such as ComedyEvent, Festival, FoodEvent, MusicEvent, TheaterEvent, or SportsEvent. Please mark up as many properties as you can, as they will help Google algorithms correctly index your pages. The following subset of properties is required to be eligible for Event rich snippets：

Property	Type	Description
name (required)	Text	The name of the event. This is shown in the rich snippet. See specific policies about event names below.
url (required *)	URL	A link to the event's details page. * Required if the event's details are on a different page. If the event is described on the page you are marking up, there is no need to mark up the url property.
location (required)	Place or PostalAddress	The location or venue of the event. A text string is permitted, but we recommend that you represent the location by using a nested Place or Organization to separately specify a venue name and its address.
startDate (required)	Date	The starting date and time of the event. See important information about the requirement for ISO 8601 date format.
offers (optional)	Offer	An offer to buy tickets for this event. If present, some subfields are required.
offers. price (required)	Number	The lowest available price, including service charges and fees, of this type of ticket.
offers. priceCurrency (required)	Text	The 3-letter currency code.

Example Event markup for rich snippets

The following example describes some basic information about a music concert, including the name, date and time, location, and URL for more information.

You can use the Structured Data Testing Tool to check that your markup is correct.

<script type =" application/ld+json" > { " @ context": " http://schema.org", " @ type": " Event", " name": " Example Band goes to San Francisco", " startDate" : " 2013-09-14T21: 30", " url" : " http: //example. com/tourdates. html"," location" : { " @ type" : " Place",? ? " sameAs" : " http: //www. hi-dive. com", " name" : " The Hi-Dive", " address" : " 7 S. Broadway, Denver, CO 80209" } } </script>搜索栏标注

How do you set it up?

Sitelinks search box setup involves the following general steps:

1. Install a working search engine on your site. Sitelinks search queries send the user to your site's search results page, so you need a functioning search engine to power this feature.

No search engine for your site? You can set one up with Google Custom Search Engine.

2. Put the schema. org markup on your homepage. Your markup should have all the elements shown in the JSON-LD example below: <script type=" application/ld+json" > {" @ context": " http: //schema. org"," @ type": " WebSite"," url": " https: //www. example-petstore. com/"," potentialAction": {" @ type": " SearchAction"," target": " https: //query. example-petstore. com/search q= {search_term_ string} "," query-input": " required name=search_ term_string" } } </script>

1. " url" —This property specifies the URL of your website. It must match the canonical URL of your domain's homepage.

2. potentialAction: target—This property specifies a search URL pattern for sending queries to your site's search engine.

Key points about the URL pattern:

3.

- It must include a string enclosed in curly braces that is a placeholder for the user's search query (e. g. , {search_ term_ string}). The string inside the curly braces must also appear in the name attribute of the query-input property.

- It must point to the same domain on which the markup is found.

- An actual query string instead of the placeholder string must produce a valid search results page on your site.

4. query—input—the value for the name attribute of query-input must match the string enclosed inside curly braces in the target property of potentialAction.

1. Wait for Google Search algorithms to identify your site as a candidate for the new Sitelinks search box.

See Examples below and specifications for more details.

Recommended Practices

Follow these general guidelines for using the Sitelinks search box.

- Site-wide configurations

- Set a preferred canonical URL for your domain's homepage using the rel=" canonical" link element on all variants of the homepage. This helps Google Search choose the correct URL for your markup.

- No changes to robots. txt are necessary for Sitelinks search box to work correctly. Continue to follow our Webmaster Guidelines on this topic.

- Make sure that your server supports UTF-8 character encoding.
- Markup guidelines
- Put the markup on the homepage of your site. It is not necessary for the markup to be repeated on other pages of your site.
- We recommend JSON-LD. Alternatively, you can use microdata.
- Specify only one URL search pattern for the target. We are experimenting with multiple pattern support, so if you have feedback or use cases for multiple target support, let us know in our Webmaster Central Help Forum.

知识图谱标注（部分）

Customizing Your Knowledge Graph

The Knowledge Graph is Google's system for organizing information about millions of well-known "entities": people, places, and organizations in the real world. Google's algorithms merge information about entities from many data sources. For some types of information, though, the best source of data is the entity itself.

Specifically, companies and people can now customize their own data in the Knowledge Graph by adding structured data markup to their official website. The following types of data may be customized:

- Logos
- Company Contact Numbers
- Social Profile Links

叮当提醒

注意标注完这些代码后，你一定要用结构化数据标注的监测工具监测一下你的标注是否准备，是否能够在页面成功显示。结构化数据监测工具地址是“https：//developers. google. com/webmasters/structured-data/testing-tool/”。

（3）当你完成了上述网站数据的结构化标注后，通过网站管理员工具提交给谷歌，并通过谷歌的结构化数据测试工具进行测试，以确保标注正确。

2. 数据处理端——搜索引擎的数据处理机制。

搜索引擎如何处理网站标注出来的结构化数据，其实是整个结构化互动中最为核心的部分，也是技术含量最高的部分。同时，也正是这一代搜索引擎与上一代相区别的互动过程，彰显了新一代搜索引擎的特点和强大威力。我将梳理一下上一代搜索引擎与网站的互动模式与新一代搜索引擎与网站互动模式的差别，从而能更好地解释结构化这一新的搜索营销和数字营销的特点所在。

（1）上一代搜索引擎的工作原理。自然语言分析。我们都知道搜索引擎的基本工作流程简单来说是这样的：（目前很大一部分搜索依然是这样工作的，占比大概 75%）搜索引擎的蜘蛛排名页面数据，爬行来的数据存入第一层数据库中；根据自然语言分析得出一个页面所表达的主题；将数据进行整理，把这个页面的主题、摘要、URL 存入第二层数据库；当用户查询一个关键词“A”的时候，搜索引擎会根据这个词“A”与第二层数据库中的主题进行语义匹配，如果匹配上了就展示这个结果。

不知道你有没有在这个工作流程中发现一些问题？在这个工作流程中，其实只支持“单点”的关于关键词“A”的理解，这话什么意思呢？就是对于关键词“A”的理解，完全依赖于语义分析出哪个页面的内容和表达最符合“A”的语义。或者换句话说，在寻找哪个搜索结果最符合“A”的含义之前，其实搜索引擎必须要做的就是对“A”进行一个固定的定义，即把“A”的含义固定，不然你根本不可能找到符合“A”的页面结果进行展示。举个例子来说，假设一个关键词是“1”，那么在寻找哪个网页的内容最能表达“1”的含义之前，我们其实必须对“1”这个概念有一个非常透彻的理解，并规定好“1”的含义，不然连概念本身都模糊不清，怎么去寻找对这个概念表述的最佳结果呢？

我知道，这段文字有点绕，但如果你多读几遍，发挥你的逻辑思维能力，应该还是能理解的。

（2）下一代搜索引擎的工作原理：大数据基础上的人工智能①。我们已经了解到搜索引擎对于“单点的概念”理解与反馈（也就是关键词的搜索与搜索结果的展示）是没有问题的了。搜索引擎看起来完美无缺了，但是真的是这样吗？事实上，搜索引擎单点理解的工作逻辑无论是与用户对事物的理解，还是与用户期望得到的搜索结果之间，都有一定的差距。因为无论是在我们的头脑中，还是在现实生活中，从来没有一个概念或者事物是一个单一的概念。举个例子来说，一个关键词“人”，它其实是一个非常复杂的综合概念，因为我们可以去从多角度解释这个概念。从生物学来说，人分男女老幼；从职业的角度来说，有画家、音乐家、工人；从地理角度来说，分中国人、美国人；从精神角度来说，人必须具有人类所应该有的人性才能称之为人等。这个概念的含义非常丰富。在上一代搜索引擎那里非常好办，我们只需要实现为“人”这个关键词事先设定好一个概念，然后按照这个概念去寻找对这个概念表达最佳的那个网页并予以展示就好了。但是，对于新一代搜索引擎来说，该如何定于“人”这个关键词呢？又该如何进行这种搜索结果的展示呢？

据我观察，谷歌目前采用了一种类似于柏拉图复合概念的方法。对于复合概念来说，新一代搜索引擎并不对这个概念进行一个预先的含义设定，而是在大数据积累的基础上，通过不断完善和进化的人工智能去判断这个复合概念，在其他分支概念中是否成立。如果都成立的话，就用取交集的方法来判断这一复合概念的含义范围。还用“人”这个关键词举例子，新一代搜索引擎并不对“人”这个概念预设含义边界，

---

① 有关下一代新的搜索引擎依赖于人工智能，这一大方向是可以肯定的。但是，关于下一代新的搜索引擎的工作方式则是包含了作者本人的大量的信息收集、观察、分析，以及大量实践的，并不是搜索引擎官方公布的信息，仅供参考使用。

而是通过大数据训练出来的人工智能去判断和识别人的分支概念，这个人工智能会自动识别到：从生物学来说，人分男女老幼；从职业的角度来说，有画家、音乐家、工人；从地理角度来说，分中国人、美国人；从精神角度来说，人必须具有人类所应该有的人性才能称之为人等。当这些分支概念全部集合起来，也就是这个“人”的这个复合概念。这个复合概念的范围实际上还是有限的，只不过这个范围会非常广泛。

现在，我们看到了新、旧搜索引擎工作原理的差异。但是，需要注意的一点是，事实上，新一代搜索引擎是在原有基础上的继承和发展的。一方面大数据的积累和人工智能的训练根源于大量的语义分析和搜索。同时，也正是对于“单点概念”的海量积累使得概念之间建立起联系成为了可能。

新一代搜索引擎创新性的工作原理，对我们 SEO 从业人员或者说数字营销从业人员有两个重大的启示：

第一，高价值的内容会更加重要。

从分析新一代搜索引擎的工作机制中，你可以发现，谷歌并不是按照原来的方式单单去对应关键词和页面表达之间的相关性了，而是真正地以一种类似“人脑”的理解方式去理解内容之后，再去关联关键词与内容的相关性。这本身是对关键词概念的理解，以及对页面内容概念的理解上质的飞跃。那么既然谷歌能更好地理解内容和关键词了，也就意味着传统的那些投机取巧的 SEO 手段（关键词堆砌、堆外链等）将失效了。反过来说，如果从现在开始重视高质量内容建设，那么你的这些内容会在今后的几年里面收到越来越多的好处。当然，这个过程是缓慢的，可能需要三四年，但是这并不妨碍高价值内容成为新一代搜索引擎的核心。

第二，内容上的关联组织。

以往我们在进行内容建设的时候有两个很多人喜欢搞的通病：一是投机取巧、搞采集、伪原创，这种事坚决不能要。二是不重视内容之间的关键性，包括文章之间的内链、相互提及、内容相关等。我们都知道知识图谱是一张关系网，因此内容上的相互关联更容易形成搜索结果展示上的“知识图谱”展示。

从最直观的角度来看，最能体现谷歌新一代搜索引擎特点的产品莫过于谷歌 2014 年开始大力推行的“知识图谱”了。有兴趣的话，你可以好好地研究一下知识图谱，据其内部小道消息（注意：是小道消息，不一定准确，自行判断，概不负责）：“知识图谱”类型的搜索和搜索结果展示在 2015 年的全部搜索中所占到的比重中将占到 25%，之后每年逐步扩大。所以，新的搜索引擎真的已经来了，如果你还把 SEO 停留在之前的理解上，等待你的就是理论上的和实践上的双重淘汰。

3. 数据展现端——搜索引擎上展现的结构化数据。

来到结构化互动的最后一步，搜索引擎上的机构化数据展示。在这个互动过程的第一步，也就是“数据输入端—网站标注出的数据”中，我已经介绍了标注各种结构化数据的方法，但是你有没有发现我在第一部分并没有展示这些结构化数据标注后的效果呢？现在，我们看看这些数据经过结构化标注后，在搜索引擎上展示出来的效果：

富文本信息标注，如图 6-12 所示。

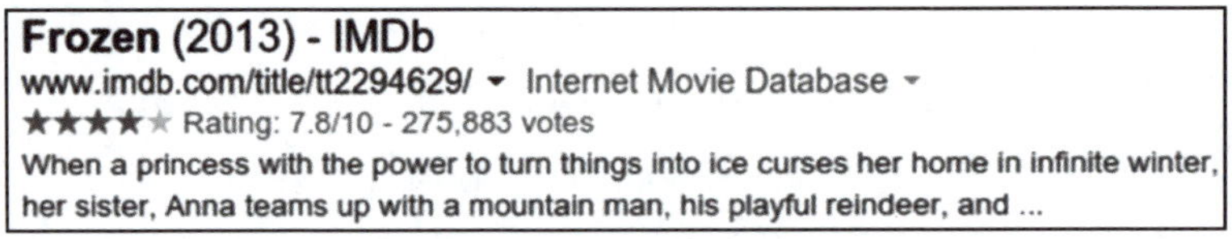

图 6-12　示例图

路径标注（面包屑标注），如图 6-13 所示。

图 6-13　示例图

事件标注（或称活动标注），如图 6-14 所示。

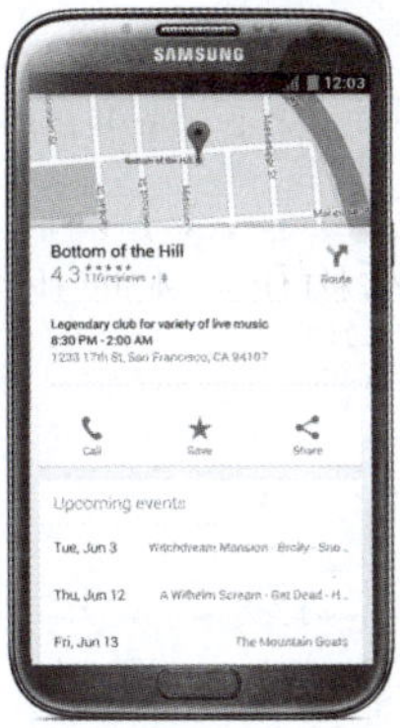

图 6-14　示例图

知识图谱标注（右侧部分），如图 6-15 所示。

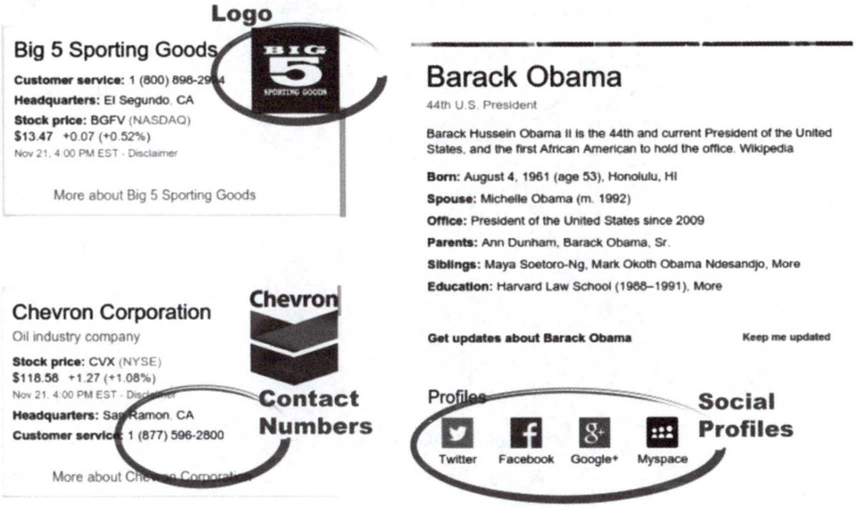

图 6-15　示例图

我：师傅，听你这样说我突然觉得又开始发愁了，听起来结构化不仅代表了未来下一代搜索引擎的发展趋势，同时进行结构化优化还能带来流量的大幅提升，但是好像做起来很难啊。

吴 Sir：会比你原来做的基础优化难一些，但是不能怕困难，要做一个高级的 SEO 专才，这些高级的 SEO 技巧是一定要掌握的。

我：你说得对，我一定加油，把结构化优化拿下。那你接着再给我说说怎么做本地化优化吧。

吴 Sir：好，其实结构化优化是最难的一个，本地化优化就要简单很多。

6.3.2 SEO 本地化的实现

作为搜索营销中一个非常重要的趋势，2015 年开始，无论是在 PC 端还是在移动端已经变得非常明显了。在 PC 端谷歌越来越倾向于将经过结构化处理的本地信息与本地化因素相联系并进行展示，为此专门推出了 Schema 语种标签等。在移动端，本地化的趋势则来得更加猛烈，尤其当移动端的流量占比持续升高（已经超过 50%），并且 LBS 定位信息更多地参与到搜索排名和展示的大背景下，本地化的趋势在移动端就显得更为重要和突出了，如图 6-16 所示。

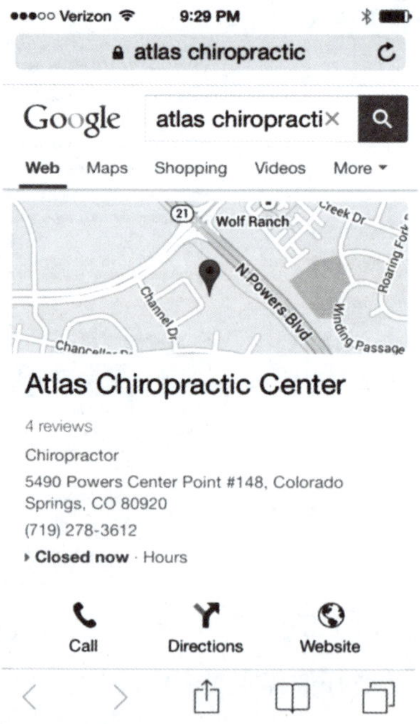

图 6-16 示例图

1. Google Search。

“Google Search”是谷歌的通用搜索，无疑是所有本地化产品中最为重要的一个，也是流量占比最大的一个。在传统的“Google Search”上我们需要做的更多的就是传统意义上的本地化 SEO。下面详细介绍下谷歌本地化 SEO 的基本要点。

要想进行本地化 SEO，首先你必须明确你所选定的区域市场在哪里，当然你所选定的这个本地化市场的范围可能有大也有小。你期望的本地化市场可能是中国的一个城市——上海，当然也可能是巴西这样一个以葡萄牙语为主要语言的国家。这里我们就用美国作为目标市场来讲解该如何进行本地化 SEO。

本地化关键词研究有两个要点，在操作时需要注意。

一是在我们做本地化关键词研究的时候是少不了要用到“Adwords Keywords Tool”的，既然是本地化关键词研究，那么就必须注意区域。在“Adwords Keywords Tool”中你需要选出对应的语种和地区。假设我们针对的国家是美国，那么语言我们就要选美式英语，地区就要选美国，这样你所得到的关键词的搜索量才是美国当地的关键词搜索量，才真正地代表了美国这个地区的需求。在这之后，你需要根据你的业务建立关键词词库，通常地划分方法是“品牌词”-“类目词”-“长尾词”的结构，如图 6-17 所示。

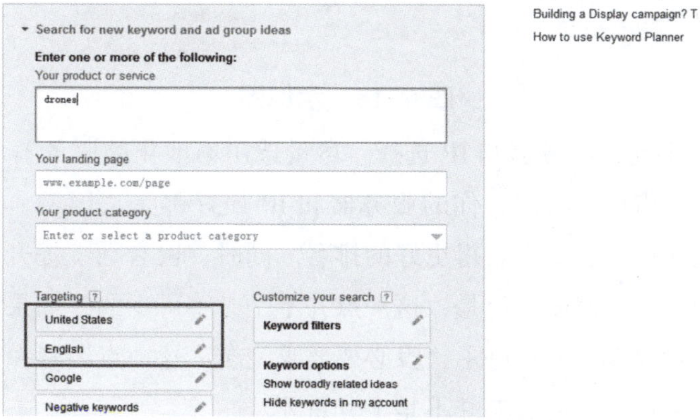

图 6-17　示例图

二是地域名的关键词十分重要，例如我们针对的是美国市场，那么有一些代表了你所针对的这个地域的关键词是十分重要的，在这个例子中就是“美国”这个词。当然甚至可以包括一些更细节一些的这个目标区域中的关键词，例如“华盛顿特区”、“亚利桑那”等地名。总之，只要这些地名关键词和你的商品和服务有关联，那么这些地域关键词是你绝对不能放过的。强调一下，这些地域关键词往往并不是独立使用的，他们经常会和你的商品及你的服务混合使用。还有，不要忘了把这些地域关键词也放到你的关键词词库当中去，如图 6-18 所示。

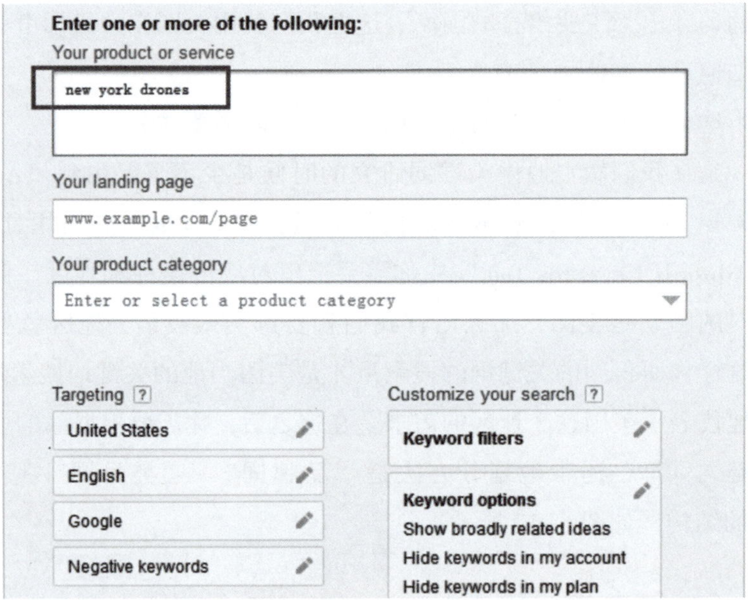

图 6-18　示例图

（1）本地化服务器和 IP 选择。尽量选用本地化的服务器和 IP。例如你的目标市场是法国，你的服务器和 IP 最好都是法国的。这有利于你在本地化搜索引擎上获得更好的排名。同时，也有利于提升网站在目标市场中的打开速度。但是，这一点并不是必不可少的，如果你没办法做到，那就放弃这一点好了，没必要要求完美，这一点因素在影响本地化搜索结果排名中的影响并不是十分重要。

（2）本地化的域名选择。当有了本地化关键词词库之后，在我们正式的根据本地化的策略执行我们的本地化营销之前，我们需要一个本地化营销的阵地——本地化的网站。在建设本地化网站时，有一些要点需要注意：

首先，选用国家编码的顶级域名，即“ccTLD”（Country Code Top Level Domain）。我们都知道域名的后缀代表了不同的含义，其中一类是按照国家地域信息编码的。例如：“fr”后缀代表法国，“co. uk”代表英国，“us”代表美国等。通常的我们会选用“. com”后缀作为我们主站的后缀形式。但是，如果当我们需要开发网站的其他本地化版本时，例如我们需要一个英国本地网站，建议最好使用“www. ×××. co. uk”这样的国家编码顶级域名形式，如图 6-19 所示。

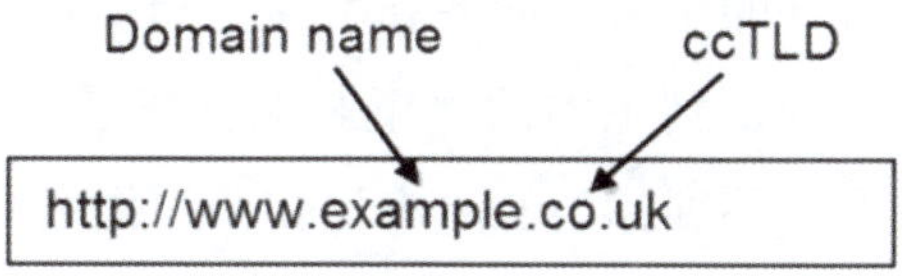

图 6-19　示例图

采用国家编码顶级域名的好处有：域名中的国家信息能帮助你的网站在本地搜索引擎中获得更好的搜索排名；这样的域名独立于你的主网站的域名，便于之后根据当地特殊的市场情况开展符合当地实情的业务；更利于在当地形成较深入的品牌印象，也便于当地用户记住域名。

在电商领域，采用国家编码的顶级域名最为成功的例子是亚马逊，你可以看一下亚马逊的各个国家分站，在“Amazon. com”页脚你能找到各个国家分站的链接，如图 6-20 所示。

图 6-20　示例图

其次，不要用子文件夹放置本地化网站。用子文件夹放置本地化网站，是国内电商喜欢做的事情，例如敦煌网、中国制造网等，如图6-21所示。

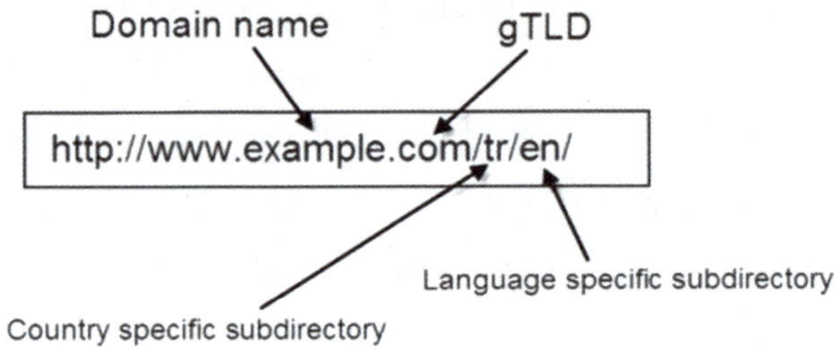

图 6-21 示例图

这样做的好处是：省钱，便于操作。

但是，坏处却一大堆：舍弃了域名中地域信息的权重，不利于在本地化搜索引擎中获得好的排名；业务和主站挂钩太紧密，当本地化网站发展到一定程度时，会受到主站的严重影响，拖累本地化网站的发展；对于本地化的品牌形成不利；不便于本地化用户记忆域名；不利于本地化业务独立性及本地化营销团队的形成。

总之，我建议在建设跨境本地化网站的时候，最好采用国家编码顶级域名，另外，如果你研究亚马逊的主站和本地化网站之间的关系，就会发现，“. com”是主站域名，而其他国家分站则作为它的下级网站存在，也就是说本地化网站既是主站业务的延伸，同时又保持了本地业务的特色。

（3）本地化的 URL 优化。本地化的 URL 优化主要是指，在 URL 中要签入本地化语言的关键词。注意不要在所有不同国家、不同语言版本的网站 URL 中都嵌入英语的关键词，这对于用户来说是非常不合理的，而很多国内的电商网站却自以为是的这样做。正确做法应是在 URL 中签入本地化的语言关键词，例如，法语网站就要签入法语关键词，德语网站就要嵌入德语关键词。看看亚马逊，它不愧是世界第一的电商公司，无论是从营销角度还是从技术角度来说，都当之无愧，如图 6-22 所示。

图 6-22　示例图

（4）本地化关键词的使用。当我们做好了本地化关键词的研究之后，我们就要让这些关键词开始发挥他们的价值了：

首先，这些关键词会被用到“Meta”信息当中，这是最为基本的本地化优化措施，同时依然是最为重要的本地化优化措施。很多人常常认为 SEO 有什么秘籍、捷径，其实根本没有，都是一点一点的基础的东西累积起来发挥了神奇的威力。如果一个 SEO 从业者连基础优化都做不好却大谈特谈什么他所知道的谷歌漏洞，知道什么神秘黑帽 SEO 方法能短时间带来神奇的效果，我能百分之百地告诉你这个人不是疯子就是骗子。拉回正题，你的产品关键词一定要结合我们刚刚做好关键词研究的地域关键词出现在“Meta Title”、“Meta Description”和“Meta Keywords”当中。切记，很基础，但是很重要！

其次，内容建设，本地化的关键词词库不仅需要部署到“Meta”信息中，同样还需要变成网页上的主要内容。至于具体怎么写，这里不细说了，很简单，无非是 SEO 文章的写法。

（5）本地化 Schema 标注。我们都知道“Schema”是谷歌推出的结构化数据标注语法。在我们完成本地化的网站之后，一定要对你的产品和服务进行本地化的 Schema 标注。如果不了解“Schema”，可以去这里查看详情：“www. schema. org”。

（6）本地化语言和地域标注。本地化是 2014 年以来，谷歌着重发展的一种算法，去年 12 月的“Pegeon Algorithm”（鸽子算法）的升级着重突出了本地化信息的影响。可以预见，本地化因素将在 2015 年继续加深影响。回归正题，谷歌推出了“Href”标签，来让站长标注你的网站所用的语言和地域信息，如果你对“Href”标注还不了解，可以点击这里了解细节，如图 6-23 所示。

Using language annotations

Imagine you have an English language page hosted at `http://www.example.com/`, with a Spanish alternative at `http://es.example.com/`. You can indicate to Google that the Spanish URL is the Spanish-language equivalent of the English page in one of three ways:

- **HTML link element in header.** In the HTML `<head>` section of http://www.example.com/, add a `link` element pointing to the Spanish version of that webpage at http://es.example.com/, like this:
```
<link rel="alternate" hreflang="es" href="http://es.example.com/" />
```
- **HTTP header.** If you publish non-HTML files (like PDFs), you can use an HTTP header to indicate a different language version of a URL:
```
Link: <http://es.example.com/>; rel="alternate"; hreflang="es"
```
- **Sitemap**. Instead of using markup, you can submit language version information in a Sitemap.

图 6-23　示例图

下面我们来看一个电商的实际案例：“www. tripadvisor. com”，你随便打开它的一个详情页面，看下他们的源代码里写的“Href”标注，如图 6-24 所示。

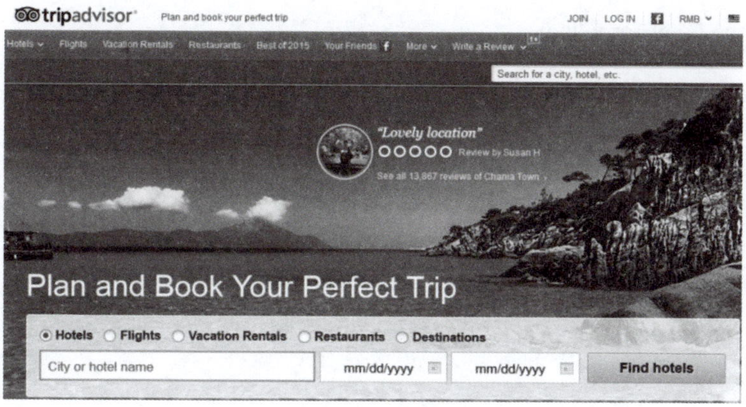

图 6-24　示例图

（7）Webmaster 中的本地化标注。用"Webmaster tool"中的"international target"工具中的"language"选项查看在上一步中你标注好的"Href"标签是否有错误。有错误的话重新检查代码，如图 6-25 所示。

图 6-25　示例图

在"Webmaster tool"中的"international target"工具中的"country"选项中标注你的目标国家，如图 6-26 所示。

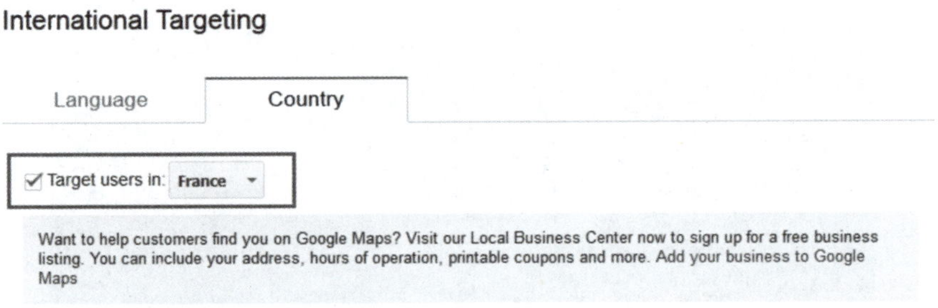

图 6-26　示例图

2. Google My Business。

利用“Google My Business”标注 LBS 地理信息。

开通你的“Google My Business”页面，同时在“Google Map”中标注你在国内或者国外的实体工厂或者办公地的信息。当用户搜索这个区域的商机时，你将会获得更好的排名展示。同时，如果有人在地图中搜索这个地区的商机的话，你的办公地或者工厂就会在地图上展示出来，如图 6-27 所示。

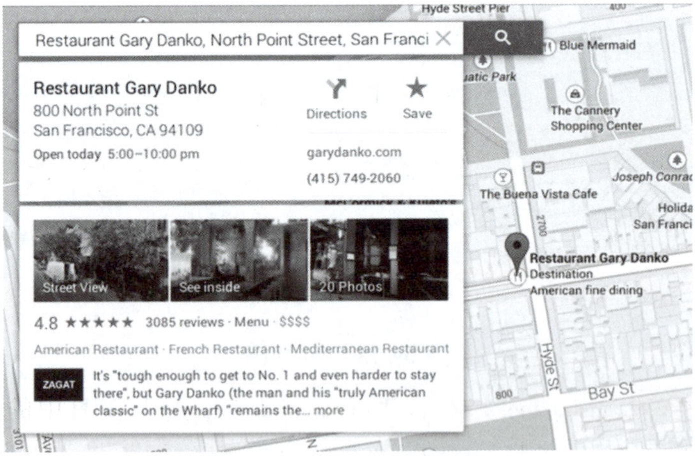

图 6-27　示例图

3. Yelp[①]。

利用“Yelp”获得更多本地化流量。

“Yelp”是一家提供本地化服务和点评的网站。“Yelp”现在有各个国家的版本，你可以把你的本地化的商品或者服务信息发到“Yelp”上来获得更多的本地化流量。要注意“Yelp”一定要做，它流量巨大，转化高。同时，如果你有兴趣的话也可以在“Yelp”上打打广告，来获得更多的本地化流量，如图 6-28 所示。

图 6-28　示例图

我：师傅，听起来本地化 SEO 确实要比结构化 SEO 简单多了，和我一直做的基础 SEO 非常像。我刚才听你说的结构化那么难，还有点受打击呢，现在发现其实本地化是我完全能操作的，很开心。但是，这里面也涉及了对于其他本地化平台的利用，我需要好好研究下。

吴 Sir：你能这样想很好，其实再难的 SEO 技术只要认真学习，敢于实践，都是能学会和掌握的。

我：师傅，你继续吧，我现在越听越兴奋了，今天算是大丰收了。

吴 Sir：哈哈，那今天就让你听个够，下一个是移动化。

---

① Yelp：是美国最大点评网站，2004 年在旧金山起步。2012 年 3 月 2 日登录纽交所，股票代码为“YELP”，共发行 715 万股普通股。

6.3.3 SEO移动化的实现

关于移动化的定义，我们之前已经说过了，这里就不重复了，我们直接说移动端优化的方法。

1. 移动页面策略。

移动页面有3种实现方式：响应式页面（Responsive Page）；动态移动页面（Danymic Page）；独立移动页面（M Page，或者叫做常说的Wap页面）。

具体来看这3种页面的优缺点，通过对比，然后结合你的网站业务和其他实际情况就能选择出你需要的移动页面的形式。

(1) 响应式页面。

优点：

一是谷歌官方推荐的移动页面解决方案。从目前来看，谷歌的移动化优化策略都是以响应式为基础的。例如谷歌刚刚推出的“Mobile Friendly”，响应式页面的整体评价要比独立移动页面好很多。

二是能针对不同的移动端设备自动适应屏幕的大小，减少了跨屏幕访问者浏览时的阻碍，利于用户体验。

三是PC页面和移动页面使用同一个URL，利于SEO权重，容易获得好排名，进而获得更多流量。

四是从维护上来说，不会像专门独立移动页面一样需要维护两套代码，减轻了技术压力和开支。

五是只通过修改CSS和JS便可实现，实现起来技术成本较低。

六是从互动设计到视觉设计都和PC站保持较高的统一度，利于形成网站的整体形象。

七是响应式页面正在成为国外移动页面解决方案的主流，被众多网站采用。

缺点：

一是一定要控制好响应式页面的代码量，否则网页加载速度过慢，就会导致流量流失。

二是因为主要继承 PC 页面的功能设计、视觉设计、互动设计，所以网页自定义的要素比较少。

（2）动态移动页面。

基本没有主流网站采用这种移动页面的解决方案，不推荐。

（3）独立移动页面。

优点：

独立移动页面能够更多地进行自定义，页面的视觉、互动、功能模块更能满足网站的功能设计。

缺点：

一是需要单独维护一套独立的移动页面代码，需要的技术投入较大，而且是长期性的投入。

二是独立移动页面必须通过 302 跳转才能建立起独立移动页面的 URL 和 PC 页面的 URL 两者之间的 SEO 权重关系。而这种跳转同样需要技术来进行日常维护，并且经常会出现错误。

三是非谷歌官方推荐的移动页面的解决方式，跟谷歌移动化产品的发展方向明显不一致。

通过以上对比，大家能够明显地看出，响应式页面在 3 种移动页面解决方案中对于中小企业来说是比较好的选择。我个人也一直推荐采取响应式页面的方法来实现页面的移动化。但是，也需要注意一点，那就是我一直常说的，没有最好的，只有最合适的。如果你的业务对于页面上的自定义功能要求非常高，例如，我的一个朋友的网站是一家高级服装的定制化网站，他们网站上的各种供客户选择的功能模块非常多，那么相对来说独立移动页面更适合这样的网站。

对于一些很小的企业来说，如果你的网站是“Word Press”或者是“Magento”搭建的，那么你实现响应式页面是非常简单的。只需要花几百或者几千元买个响应式的主题或者模板，给你的网站安装好就行了，省时省力、操作简单。

2. 端页结合的策略。

端，指的是相应网站的 APP，例如亚马逊的购物 APP。端页结合，指的是很多电商已经开始结合移动页面和 APP 来推行自己的移动化策略。通常的做法是在移动页面上会给 APP 一个下载入口，而在 APP 中则可以适当调用移动页面。

叮当提醒

如果你的公司已经有了一定的规模（不一定多大），业务流程也比较顺畅，技术力量也还可以的话，你可以考虑开发一款你的 APP，然后利用 APP 的分发渠道进一步去拓展你的无线流量。

开发 APP 及操作 APP 的分发需要较大的人力和物力，如果你的公司还处在起步阶段，或者刚刚开始扩大规模，走上正轨，还是不要轻易尝试的好。

3. 移动站的优化策略。

基于响应式页面的移动站点和独立移动页面的移动站点，进行优化时的差别还是非常大的。现在就来分情况看下这两种移动站点该如何进行优化。

（1）响应式移动站点的优化。

URL，由于响应式移动站点的 URL 规则都继承 PC 站点的 URL 规则，因此，只要做好 PC 站点的 URL 优化后，响应式移动站点无须特别优化。

代码量，响应式移动站点一定要控制好页面代码的数量，避免代码过多、过重，导致页面加载缓慢，进而影响访问者的用户体验。

“Meta”，响应式页面会自动继承 PC 端的 Meta 信息，无须特别优化。

移动网站地图（Sitemap），必须单独为移动页面制作一个适合谷歌移动端蜘蛛爬行的移动网站地图，并提交到谷歌网站管理员工具中。

CSS 和 JS，一定要外调 CSS 和 Javascript 文件。

404 页面，要有 404 页面，最好 404 页面在几秒后自动跳转回首页。千万不要忽略移动站的 404 页面，我已经见过很多大网的移动站居然没有 404 页面。404 页面能够挽救不少你本要丢掉的流量。

Hreflang 语言标签，在 PC 页面中标注即可。

"Schema"，没有特别设置的情况下，富文本摘要及各种形式的结构化数据标签只需要在 PC 端标注就好了，响应式页面上会自动继承。

"Flash" 优化，不要在移动端使用 flash 文件。

图片优化，一定要使用专门为移动端优化过的图片，而不能直接在移动端使用 PC 端的图片。当然，更为简单的做法是让程序来自动缩放图片的大小以适应不同的设备。

（2）独立移动页面的优化（M 站的优化）。

URL 的优化是独立移动页面优化的核心，重中之重。对于独立移动页面来说，必须要设定好独立移动页面和 PC 页面之间的对应关系。原因有二：

第一，如果你的网站存在时间够长，那么你的 PC 网站的一部分页面肯定会被移动搜索收录。为了留住这部分流量，给用移动设备的访问者以更加好的用户体验，必须让访问者从用手机访问 PC 页面的痛苦中解放出来。常用的做法是在独立移动页面和 PC 页面之间建立一一对应关系，并通过 302 跳转过来。也就是说当一个访问者用手机访问在移动端被收录的 PC 页面时，如果一一对应建立起来了，302 跳转设置好了，这个访问者就会被跳转到这个相应的独立移动页面，从而获得较好的用户体验。

第二，谷歌在移动端的算法和在 PC 端的算法已经有非常大的差异了（据说差异度在 80%以上）。但是，这并不意味着移动端和 PC 端已经百分之百分离，移动站页面的 URL 只有和 PC 页面的 URL 建立联系才能在短时间获得较高的权重，从而利于爬行、收录和排名。

简单点说，你需要设计一套独立移动网站的 URL 规则来和你的 PC

站的 URL 规则对应，并设置跳转。这一步是独立移动网站优化时的核心，这一步出错，你的移动网站就宣告失败。

跳转规则维护，我们刚刚在上面说到了 PC 页面和独立移动页面之间的跳转非常重要。这里还需要强调一下，这一跳转规则并不是在最初设定好之后就一劳永逸的，而是会常常发生错误的。由于网站功能不断开发而导致的跳转规程出错会导致你的移动端流量大量流失。

叮当提醒

据国外行业统计，有 67%的移动流量流失来源于移动页面和 PC 页面之间的跳转规则出错。所以你要牢记的是，对于这一跳转规则要定期查看和梳理，以便及时发现错误，修复问题。

代码量，控制好代码数量，不要太多。

“Meta”，由于不继承 PC 页面的 Meta 信息，需要重新优化 Meta 规则和信息。

移动网站地图，如果说对于响应式页面来说，移动网站地图可有可无，那么对于独立移动页面来说，移动网站地图是必须的，因为独立移动页面没有移动网站地图的话很难被谷歌及时收录和排名。

CSS 和 JS，一定要外调 CSS 和 Javascript 文件。

404 页面，要有 404 页面，最好 404 页面在几秒后自动跳转回首页。

“Hreflang”语言标签，需要在独立移动页面的代码中重新标注。

“Schema”，需要在移动独立页面的代码中重新部署原有的 Schema 标签。

“Flash”优化，不要在移动端使用 Flash。

图片优化，一定要使用专门为移动端优化过的图片，而不能直接在移动端使用 PC 端的图片。当然，更为简单的做法是让程序来自动缩放图片的大小以适应不同的设备。

我们讲过了移动端初步的优化策略和要点之后，再来看一下移动端上的优化效果观测和持续优化。移动优化无论从哪个角度来看都是 SEO 发展的最主要方向。因此，谷歌给我们这些 SEO 从业者提供的一系列工具，也随着这一趋势不断增添关于移动优化效果的观测工具，常用的当然是“Google Webmaster Tool”中的“Mobile Usability”工具，除此之外，还有移动页面抓取测速工具，以及谷歌最新推出的“Mobile Friendly”评测工具。我们需要根据这 3 个工具提供的数据来不断地对我们的移动页面进行优化，具体来说下这 3 款工具的使用和数据分析方法。

工具一：“Mobile Usability”。

“Mobile Usability”是“Google Webmaster Tool”中提供的一款关于移动页面质量的监控工具，它只在一定的大原则方面提供指导意义，敦促你要遵守谷歌在移动端倡导的移动页面标准。如果你的移动页面在这几个方面做得不好，它会提醒你哪些页面违反这些原则，促使你改进。

工具二：“Page Speed”。

点击查看工具“Google Page Speed Insights”。谷歌的网页测速工具在很早之前就已经出现了，但是，手机端网页测速功能是最近才上线的。它的使用方法和上面的“Mobile Friendly”检测工具一样，你只需要输入 URL 点击分析就可以了。

工具三：“Mobile Friendly”。

点击查看该工具“Google Mobile-Friendly Test”。如果说“Google Webmaster Tool”中的“Mobile Usability”为我们提供了从宏观上去观察网站移动页面整体质量的功能，那么“Mobile Friendly”检测工具则为我们提供了更为直观和细致的数据区去衡量一个页面是否符合“Mobile Friendly”的标准。

到这里，我们整个的圈终于画完整了，从建设移动站点，到移动页面的选择，再到移动优化的 SEO，最后到移动优化的监控和反馈，一个整体的移动优化流程已经走完了。

我：哇，师傅，这个移动优化也非常有意思，我基本都听懂了，我已经迫不及待想在咱们网站上试试了。现在，你快给我说最后一个社会化吧。

6.3.4 SEO社会化的实现

吴Sir：好，那咱们就来说说社会化吧。社会化的优化相对来说简单很多，那么社会化分享的外链能否显著提高网页本身SEO的排名呢？

根据我的观察和经验，答案是肯定的。社会化分享是获得好的SEO排名的必要因素，但却不是获得好排名的充分因素。说得通俗一点，社会化分享是获得好的排名的重要影响因素之一，但却不是能起决定性作用的因素。

无论如何，不可否认的是社会化分享已经从很大程度上改变了原有SEO的规则：传统的外链已经没有太大的意义，取而代之的是社会化分享外链。但是，社会化分享外链起作用的方式却不同于传统外链。

外链曾经是作为最重要的站外优化要素而存在的。在那个时候大家最直观的感受就是弄个群发软件发发外链就能在短时间内从没有排名做到前几名。但是，那个时代已经过去了。时至今日，谷歌对于外链的分析和控制已经到了非常智能的阶段，单纯以SEO为目的外链建设能带来的除了排名惩罚外，还有就是彻底被Google删除网站。那么，当传统的外链因素消失，又是什么因素替代了外链这种传统的要素呢？一种很流行的观点是“外链”已死，因此SEO再也不需要外链了。事实上，对于一些本土化搜索引擎来说确实如此，例如Yandex①，在Yandex的官方声明中已经明确指出外链不再作为计算搜索结果排名的影响因素被计算其中。并且，“Matt Cutt”也在他的博客中明确提到在谷歌上传统的外链的价值被大大降低，不自然的外链甚至会招来谷歌的惩罚。但

---

① Yandex：是俄罗斯重要网络服务门户之一。2008年初每天访问Yandex的人数（包括外国访问者）达到400万。Yandes目前所提供的服务包括搜索、最新新闻、地图和百科、电子信箱、电子商务、互联网广告及其他服务。Yandes在俄罗斯本地搜索引擎的市场份额已远超俄罗斯谷歌。（摘自百度百科）

是，通过 SEO 的实践和长时间的观察，我并不认为在谷歌上外链的影响因素会彻底消失，只是外链的形式及起作用的方式再也不像原来那样简单粗暴。我们通常熟知的那些博客评论、论坛链接、会员资料等外链已经被一种新的外链形式所取代。

没错，你猜对了，那就是社会化分享外链。但是，也有一点你猜错了，社会化分享所产生的外链并不能起到原来的外链那种决定性的作用。或者，我们可以这样看，社会化分享外链是一种新型的外链，这种外链能够起到传统外链的一部分作用，即"外链的质量和数量是判断一个页面质量好坏的外在标准"。

"社会化分享外链必须以高质量内容为基础，不以高质量内容为基础的社会化分享毫无意义"。但是，之所以说社会化分享外链是一种新型的外链，是因为这种外链起作用的基础是高质量的内容。这一点是和谷歌一直强调的内容逻辑相符的，而且让我想起"Google+"刚刚出来时一个很有意思的实验，即国外的某家公司当时组织了一个公开的测试，参加测试的人都用"Google+"分享同一个页面的链接，然后通过一个半月的时间来观察这一分享是否能够显著提升页面的排名，当时的结论是"Google+"的分享链接没有起到任何 SEO 的作用。现在回想起来，很可能是当时页面的内容质量低下造成的。反过来说，如果你决定做社会化外链，还是要先做好内容。

现在我们已经知道传统的外链已经被社会化分享外链所取代，而这一演变过程的背后存在的逻辑，这里我为大家梳理一下，这也是社会化分享外链为什么能够取代原来传统的外链的原因。

1. 更加不易被人为操纵。

如果让我想象传统的外链是如何来建的，在我脑海中马上浮现的便是用一个"Scrapebox"① 批量地跑一批外链网站，然后写好脚本群发。

---

① Scrapebox：是一款批量自动搜集博客评论及博客地址的收集软件，广泛被黑帽 SEO 应用。

长期以来，外链操纵是谷歌在SEO反作弊中非常头疼的一个问题。谷歌其实也一直在寻求一种全新的方式来改进外链作为站外SEO影响因素。而对于社会化外链来说，建设的成本相对于这种传统外链来说会更高一些。例如，你需要一个会员资料，并且要面临社会化网站相对严格的用户注册流程和反垃圾措施。

2. 社会化外链代表了访问者更高的参与度。

当然，我们不能排除社会化平台上账户作假的现象。但是，熟悉国外社交网络的网络营销人都不能否认这样一个事实，那就是这些社会化平台上的用户大多数还是真实的。当一个社交网络的用户愿意自助地为你的网页分享一个链接的时候，那意味着他是真正的需要你的页面，需要页面上的内容。这比单单在页面上留下一个链接更能说明用户对于页面和内容的真实想法。

3. 大家真的更喜欢社交。

不知道大家还记不记得前些年社交网络的异军突起，在那几年，加入社交网络，使用社交网络已经成为了广大网络用户的深度习惯。换句话说，社交网络的使用习惯已经成为搜索引擎不可忽视的潮流。从“Facebook”、“Twitter”，再到国内的“人人”、“QQ”、“微信”，这些已经成为网络用户每天必不可少的东西。

社会化外链的惊人SEO效果需要有高质量的引用和转发才能发挥。说多了高大上的理论，再来点接地气的案例分享，我想通过两个实际的案例告诉大家传统的黑帽外链做法会给你带来什么样灾难性的后果，也想说明SEO的规则真的已经改变，基于高质量内容会给你的SEO带来惊人的效果。

案例一：某窗帘厂商的独立外贸B2C站

站龄：6个月。

操作方法：

- “Wordpress”搭建框架。
- 盗用其他商家同款产品图片，并采集其他商家关于同款商品的描述。

- 抄袭了其他商家同款商品的标题。
- 所谓的商品“准备好”后，开始用软件批量发传统的外链、博客评论、论坛评论等。

效果：前1个月，由于网站还处在新站效应期间，而且产品量比较多，发了大量的垃圾外链，也确实带来了一定的流量，曾经到过一天1000，每天也能出个10单。于是站长开始偷着乐，继续比之前更多地发不经选择的机器外链。之后，企鹅算法的3.0来了，他们的流量掉了一半。站长懵了，不知道怎么办，那就继续发外链吧。然后，海盗算法来了，这样玩到底了，全站搜索结果页面被Google剔除了。并同时在“Webmaster”中给这家网站发出了警告的信息，我们来看看Google是怎么评价这家网站的：

> Google has detected that some of your pages may be using techniques that are outside our Webmaster Guidelines.
>
> As a result of your site having pure spam, Google has applied a manual spam action to lightinhome.com/. There may be other actions on your site or parts of your site.

上面这段信息的大意是：

“你的网站的全部信息被谷歌认为是纯粹的垃圾信息，因此谷歌将你的整个网站在搜索结果中予以彻底剔除”。

于是这家网站的老板彻底慌了，通过一个朋友找到我，说愿意出很多钱让我来帮他恢复这个网站的收录和排名。我首先拒绝了老板所说的丰厚回报，只是给他出了两条免费的建议：

一是重新做一个网站，按照正常的流程和规则把网站做起来。

二是洗洗睡吧，退出这个行业。

规则早已改变，操作早已经不同，玩法也早已不一样了，跟不上时代变化的网站注定被这个时代淘汰，再多的挣扎也是徒劳。

案例二：某家管道配件的B2C独立外贸站

站龄：2个月。

操作方法：

● 找了摄影工作室拍摄了自己独有的产品照片，并适当地配上了水印；

● 事先做好了关键词研究，找到了与产品最相关并且搜索量较高的关键词。同时，调查了其他竞争对手的同款商品标题。在编写商品标题的时候嵌入关键词，但是避免与其他竞争对手同款产品标题重复。

● 写好了标准化的产品信息，如产品的尺寸等，又找来了一些以前线下渠道获得的客户反馈，添加在了页面上，全部内容注意 SEO 化，以及关键词密度的控制。

● 没做任何批量机器外链的情况下，在美国某高端媒体网站发布了两篇整体介绍他们网站的业务目标和创新功能的文章。当然，文章是经过 SEO 处理过的，同时也嵌入了锚文本关键词的外链。最为重要的是，这两篇文章在一周内被在“Facebook”、“Twitter”、“Google+”等重要的社交平台分享总计 3754 次，其他网页引用超过 700 次。

效果：不能不提的是这两篇文章的发布花掉了 10000 美元，也就是 62000 人民币左右，营销成本不能说低。但是，效果确实不错，具体来说一下带来了哪些效果。

● 主要是业务关键词，也就是行业大词，5 个搜索量每天超过 5000 的词排到了首页，3 个月的时候流量达到每天 500 左右，带动 20 多个中长尾关键词排名上升至前 3 页，其中 8 个排在首页。

● Google 没有任何惩罚或者警告。

● 由于产品比较特殊的原因，这家网站的出单率并没有很高，每天 7 单左右，但是由于产品的附加值很高，利润也是相当丰厚的。

● 随着交易不断地进行，页面上的客户评论不断增多，内容 UGC① 得以良性循环，页面内容质量不断提升，在内链布局合理的前提下，1

① UGC：是“User Generated Content”缩写，中文译为“用户产生内容”，即网友将自己 DIY 的内容通过互联网平分进行展示或提供给其他用户。

个月后又有10个长尾关键词被带动，排名提升至前3页。

- 2个月后，再次发布两篇同样的文章，流量顺利突破。

最后，老板算了一下账，4个月内，除了花掉的13万营销成本，共带来了35万的销售额，除去成本，纯利润15万，平均每个月3万多。对于初次尝试电商的老板来说，感到非常高兴，并决定继续加大投入，沿着这条路走下去。

吴 Sir：不知道通过这个小故事，你有没有听懂社会化SEO的要点？

我：师傅我想大概就是我们做社会化SEO，要以高质量的文字性内容为基础，这样才能让别人尽可能地通过社会化媒体分享我们的文章，我们就能获得很多自然的社会化外链，同时排名就能很好，是这样吗？

吴 Sir：确实如此，你的领悟力非常强。今天这些是我从事SEO多年以来总结和实践的心得，希望对你有帮助。

我：你真是太厉害了，太谢谢你告诉我这些SEO的最新趋势和最新操作技巧，我一定好好学习，认真实践，一定用你教我的这些方法把我们网站的流量和销量提升上去，我现在很有信心了！

7 外贸综合服务之流程无忧

外贸综合服务是近年来兴起的新型外贸服务业态。通过外贸综合服务，可以使国际贸易中的流通服务与商品制造相分离，使制造商专注生产和销售，由专门的服务机构——外贸综合服务企业，统一处理贸易流通中的共性需求。

外贸综合服务以互联网为工具，以平台化的方式提供服务，可以突破传统服务业发展的地域限制。以“服务”为产品，并作为企业盈利来源，将所得利润反哺企业，而非参与商品交易，赚取外贸的价格差价，这也是外贸综合服务行业和传统外贸公司最大的不同。外贸综合服务，通过聚合广大中小企业外贸服务需求产生规模效应，将中小微企业的“小需求”集合为“大需求”，同时整合物流、金融等大型服务机构的服务资源，以“大需求”对“大服务”。一方面，缩短了服务与需求之间的路径，另一方面，消除了小需求与大服务之间的不对称问题，通过规模效应降低社会成本。通过外贸综合服务机构，中小微企业不仅可以省去外贸人员成本，还可以避免外贸利润被贸易中间环节蚕食，同时还可以通过聚集需求获得和大企业一样的外贸服务待遇。大力发展外贸综合服务行业，有助于中小微企业低成本实现外贸销售。通过外贸综合服务行业，中小微企业可以顺利驶上对外贸易的蓝海。

【引子】

人物1：小杰（陈述者），从事8年传统的内贸，主要经营电缆线材等产品，但在电商+外贸方面却是双料菜鸟。

人物2：小B，小杰的同学，在阿里巴巴网站及其他外贸网站注册，有较为丰富的跨境电商实践经验。

人物3：小C，小杰的海外朋友，同时也是小杰的第一个海外客户。

人物4：小D，小杰在阿里巴巴的客户经理。

最近我看见小B同学通过电子商务做外贸做得风生水起，鼠标点点就可以和海外买家谈成生意，源源不断接到订单，同时外汇也源源不断进来，生意越做越大。我想着现在国内竞争如此激烈，而中国的产品在国外已经很吃香，特别是国家出台的“一路一带”政策，现在转外贸也是一个扩展销售、解决自己过剩产能、抢占海外市场的好机会，不禁也想做跨境电商的生意了。

我是做电缆线材生意的，最近我一个海外朋友小C说某国有个工程需要一批电缆线材，本地市场的价格比较高，于是便找到了我询问价格。同样的电缆国内外价差较大，算下来加上运费也比某国要便宜很多。于是小C就给我发了个意向合同：“Copper Cable 100000 meter, 0.2 USD/meter”。

有了订单是好事，这2万美元的订单对我来说也不算小单子，若能做成则能小赚一笔，更何况这只是一开始的订单，后续随着工程进展，订单一定会不断产生。可是我从来没做过外贸，看着到口的肉，却不知道怎么吃到嘴里，不禁犯了愁。虽然市场上也有各种号称可以提供一揽子外贸解决方案的货运代理公司，但从没接触过，总归不太放心。思来想去，就想到了我同学小B，于是，我给小B打了个电话。

我：B哥，最近我从海外接了个订单。

小B：老弟，之前你不是一直做内贸吗，现在开始也做外贸了？

我：是啊，现在国内贸易竞争激烈，不太好做。这也是第一个单子，我自己从没做过外贸出口生意，这不找你帮忙嘛。

小 B：好说，好说。

我：要我自己出口的话，我还要海关备案、申请出口资质、然后出口，一整套程序我都不清楚。你经常做出口，看看我的货能不能通过你这边走？你帮我带带好了。

小 B：老弟，不是我不帮你，你看我生产的是电子元件，你做的是电缆，我们行业相差较大。你咋不找其他外贸公司呢？

我：不瞒你，我难得有了个海外客户，而且你也知道我这个行业技术含量也不是很高，竞争对手很多，万一外贸公司他们知道了我的客户，以后飞单怎么办？

小 B：哈哈，老弟，看你担心的。不过做生意谨慎些总归是对的。其实除了传统的外贸公司，你也可以找外贸综合服务公司，它们只提供服务，完全不用担心服务公司会飞你的单子。

我：外贸综合服务公司？这个没听说过。

小 B：嗯，现在服务市场分工越来越专业，外贸综合服务公司就是给国内的生产企业提供通关、收汇、退税一揽子的出口综合服务的公司。现在这样的公司已经有很多了，大的就有一达通、怡亚通、世贸通等，像一达通就是现在最大的一家。2014 年，它一般贸易出口金额已经排到了全国第三，仅次于华为、中兴。

我：哦，一家做服务的企业出口都能做到那么大啊，真是长见识了！

小 B：是啊，一达通还是阿里巴巴的全资子公司。有阿里巴巴这样的背景，你总该放心了吧。

我：阿里巴巴我知道，让天下没有难做的生意嘛！

小 B：这你都知道哈，不简单嘛。说实在的，这可不仅仅是句口号，一达通做通关、收汇、退税这些服务全都是免费的，而且从 2014 年 5 月 13 日开始，还出口 1 美元补贴 3 分钱呢。

我：还有这么好的事？那我这订单还能多拿 600 元钱呐。B 哥这么了解，是不是早就通过一达通出口啊？

小 B：嘿嘿。你看我外贸做那么久了，本来我也都是自己出口。可我自己出口、通关、退税、收汇所有工作都要自己人做，费力且不说，还费时，出口、退税款没有两三个月根本就拿不下来。通过一达通走，我人工都省下来了，手下只要有个人兼职对接一达通的服务顾问就好了，而且一达通还可以提供退税垫资服务，收齐发票和报关单后，3 天退税款就到账了。

我：可我该怎么找一达通来帮忙呢？

小 B：这个简单，现在都是互联网时代了，你先免费注册阿里巴巴国际站，然后再登录到一达通平台"http：//onetouch. alibaba. com"点击立即报名，根据页面提示留下你的联系方式等信息，阿里巴巴的客户经理会联系你的。

我：这么方便啊，那是不是所有人都可以找一达通来帮忙呢？

小 B：这个倒也不是，人家只做正规的业务。像代理其他客户进、出口业务的公司，个人客户，境外公司客户及境外公司国内注册办事处等这些客户都是不行的。具体你可以上他们网站好好学习一下。

经过小 B 同学的指点，我报名开通了一达通。

7.1 正规、便捷的预审

没过多久，阿里巴巴的客户经理小 D 就联系上了我。

小 D：您好。我是您在阿里巴巴的客户经理，将由我负责为您在阿里巴巴一达通的第一个出口订单提供服务。您的一达通服务已经开通，请问您的第一单打算什么时候出口？

我：我订单已经接下来了，当然是希望越快出口越好。

小 D：好的，那需要您先完成我们的双审："产品预审"和"开票人预审"。

我：哦，什么是"产品预审"和"开票人预审"？

小 D："产品预审"和"开票人预审"是我们阿里巴巴一达通为了

确保外贸进出口服务操作的合法、合规而设定的服务使用准入检测流程。通过该流程，您可以更深入地理解国家对您的产品的监管条件及退税相关政策，确保您的货物更顺畅地出口，同时保障您的退税金额安全及时到达。

我：哦，对！我们做生意一定要正规。那我该如何做产品和开票人的预审呢。

小 D："产品预审"需要提供：产品名称、规格、品牌、价格、HS 编码等信息；"开票人预审"需要提供：开票人名称、开票地址、税务登记证号等信息，您仅需要根据我们的指导提供信息即可。

我：产品名称、规格这些都好说，HS 编码我该怎么弄？

小 D：您之前没有出口过的话，可以提供产品名称、产品图片等，由我们公司专业的归类人员为您确定 HS 编码及相应的退税率等，然后由您这边确认。

我：我该提供什么样的产品图片呢？

小 D：一般来说，需要您上传 3 种图片，分别是：产品图片，显示型号和 LOGO，或者是标签；包装图片，显示品牌和型号信息；外包装图片，显示箱唛，特别是体现型号和 LOGO 的地方。

我：我这个电缆有好多颜色的，我是每个颜色填一个产品，还是都填一个产品呢？

小 D：这个情况按照一个产品来申报。一般情况下，如果对应的品名、价格、品牌、型号、参数一致，或仅型号不一样，可以合并为一个产品申报。其他情况需要具体判断，您若需要进一步了解，可以随时咨询我或者我们的外贸服务顾问。

我：中文品名我该怎么填？

小 D：中文品名就是向海关申报的货物名称，出口报关品名须与开票品名一致，否则无法退税。这里的票就是指增值税发票。

我：哦，原来就是我平时开票的名字啊，有数了。那需要多长时间才能审核下来？

小 D：一般情况下，产品预审和开票人预审分别为 2~3 个小时，审核完成后会及时告知您结果。

我：那还蛮快的。好的，我现在就安排人给你们准备资料。

我挂了电话，就安排对接的人员准备资料。所有资料的填写上传都是在一达通自助服务平台上完成，非常方便。

7.2 一流、简单的通关

在一达通的自助服务平台上，什么时候预审完成等，所有的过程都是可视化的。不过预审完成时，贴心的阿里巴巴客户经理小 D 还是给我打了电话。

小 D：恭喜您，您的产品和开票人预审都通过了。您提供的电缆产品，根据我们归类专家审核下来，使用的 HS 编码为 85××××××00，退税率是 17%。您看您那边有什么问题么？

我想了想，增值税最高也是 17%，这个退税率应该是最高的了。所以，也就觉得没什么问题了。

小 D：同时我们已经帮您分配了一位您专属的外贸服务顾问。请问您希望怎么下单呢？是自助下单，还是由我们服务顾问帮您人工下单？

我：哦？自助下单和人工下单有什么区别？

小 D：自助下单是在自助服务平台操作，而人工下单则是您填写“出口报关信息表”，发给我们的外贸服务顾问，由我们的服务顾问代您录入下单。如果是自助下单，目前一达通每出口 1 美元补贴 3 分钱；如果是人工下单则每出口 1 美元补贴 2 分钱。

我想了一下，之前在自助服务平台上操作预审也不麻烦，于是就决定自助下单。

小 D：好的，那请您登录自助服务平台，我可以一项一项指导您填写。

客户经理的服务真是到位，我本来想这第一单就我自己来操作好了，这下可以趁这个机会我也好好学习一下。

我：这里有个成交方式，里面那么多字母缩写，都是什么意思呢？

小 D：成交方式，即填写贸易术语，如 FOB、CIF、CFR、DDU、DDP、EX-WOK，分别代表的含义是这样的。

FOB：离岸价，海运费、保险费由买家承担；

CIF：到岸价，海运费、保险费由卖家承担；

CRF：到岸价，卖家承担货物运至目的港的运费；

DDU：未完税交货，卖家需承担货物运至指定地点的一切费用和风险，包括承担办理海关手续的费用和风险，海关综合税由买家承担；

DDP：卖方承担将货物运至指定的目的地的一切风险和费用，包括办理海关手续时在目的地应交纳的任何税费；

EX-WOK：出厂价，工厂交货后，买家需承担后面的一切费用和风险。

没想到成交方式这么复杂，又是海运费，又是保险费。上次和小 C 谈的时候，就说了价格，好像也没提海运费和保险费到底谁出。海运费也不知道多少钱，要是我出的话，可能这单就没得赚了，回头得找小 C 问问清楚。没办法，我只好先挂断小 D 电话，待咨询好后，再和他联系。

随后，我立马联系了海外买家小 C。我们双方约定的是 FOB 的贸易方式，同时小 C 还为我指定了一家他熟悉的货运代理 Z 公司，而且还说让 Z 公司直接报关。这下，我又犯迷糊了，这是不是就不通过一达通走了呢？想着就立刻联系了自己的客户经理小 D。

我：小 D，我的海外客户让我找货代 Z 公司。我该怎么做呢？

小 D：您好。这个和我们的服务其实是并不冲突的。我们的通关服务是指以一达通名义完成出口报关。我们也理解海外买家会有指定货运代理的情况，我们会按您的要求，把报关资料做好后，发给您的货运代理。您的货运代理就可以拿我们的报关资料进行通关操作了。

虽然小 D 如此解释，可我还是一知半解，以一达通名义申报是什么意思？

小 D：一般来说报关单会有两个单位名称，一个是经营单位，一个是发货单位。以一达通名义申报是指报关单上的经营单位是我们；而发货单位可以是您的公司。

我：哦，原来是这样。

现在看起来好像已经没有什么问题了，这么操作下来，好像做外贸出口也挺容易的。物流有货运代理公司，通关有阿里巴巴一达通，而我只要接接单，发发货就可以了，其他的工作由专业性的服务公司帮我搞定了。

7.3 安全、高效的收汇

以前国内销售，货款都是客户直接银行转账过来的。现在出口销售，这钱该怎么收呢？我正想着给小 D 打个电话问问，却先接到了海外买家小 C 的电话。

小 C：小杰，货都准备得差不多了吧？按惯例，我先付你 30%的订金好了，你给我一个银行账号吧。

我国内的账号，能收到钱么？没做过出口贸易，我也不是很确定，所以决定先问一下客户经理小 D 再说。

我：小 D，我的客户问我要银行账号，我可以用我自己的银行账号吗？

小 D：我们一达通已经为您准备了用于收取外汇的专属收汇账户。该账户由中国银行进行资金监管，专款专用、资金安全，您绝对放心。您把您的专属收汇账户提供给您的海外客户即可。

我：哦，那海外买家打款后，我多长时间可以收到款项？

小 D：海外买家打款是打到您在一达通的专属收汇账户，该账户到账时效跟汇款行、中转行操作时效及汇款路径有关系，一般来说：香港本地银行汇款，工作日内当天可以收到；其他地区 2~3 个工作日；偏远国家或地区汇款可能需要 1 周时间。一达通收到外汇结汇款后 1 个工作日左右会安排把对应的人民币打款到您的账号。

我：一达通不收费还不押钱，像活雷锋一样了，这么好啊。等等，会不会一达通会从汇率上扣我一点呢？给到我的人民币是按什么汇率结算的呢？

小 D：一达通结汇时银行是按现汇买入价汇率结算的。具体而言：在香港中行收到的外汇，当日 12：00 前收到的外汇款以中国银行 10：30 对外挂牌汇率结汇；当日 12：00 至 24：00 收到的外汇款，以中国银行 15：30 对外挂牌汇率结汇。

听小 D 这一解释，我算彻底放心了，一达通的收汇流程真的是又快又透明。我立马把一达通给的专属收汇账户发邮件给海外买家小 C，小 C 当天就付了首付款。没过几天，小 C 的首付款就在自助服务平台上可以看到。没想到收钱这么容易，我开始对自己做外贸更加有信心了。

7.4 灵活、合规的退税

在阿里巴巴一达通的帮助下，我的第一笔海外订单货已经发好了，外汇也都收到了，一下子觉得做外贸也挺简单的。以前我做国内贸易，从来都是交增值税，现在做外贸了，还可以把外贸生产采购交的增值税都给退回来，2 万美元的订单，退税额差不多有 1 万多人民币，这可是凭空又多了一笔钱啊！可有关退税我从没退过，正想问问客户经理小 D 呢。小 D 已经电话打过来了，这也是心有灵犀了。

小 D：您的订单海关审核都没有问题，现在可以申请退税款了。

我：我正惦量这个事呢。就是不知道怎么操作呢？

小 D：我们外贸服务顾问已经帮您准备好了开票资料和供货合作合同，您可以按开票资料上的说明来开增值税发票，然后在供货合作合同上盖合同章或公章后连同报关单退税联正本一并寄回给一达通。一达通增值税发票审核无误后，3 个工作日您就可以拿到垫付退税款。不过垫付退税款，一达通会收取退税款 4%的金额作为垫付资金的费用。

4%的垫付资金费用，就算按订单金额退税，也就 800 元的成本。一达通不是还有 1 美元 3 分钱的补贴款吗？我自己的进项也简单，之前财务算了下，一达通的补贴不仅覆盖了退税垫资的费用，还略多一些。不管怎么说，退税款可以快速回笼，自己以后做生意也更活络了。于是，我忙让财务去准备开票。

小 D：好的。增值税专用发票上面的品名、规格型号、数量、单位、备注都需与报关单保持一致，否则无法办理退税哦。

虽然开票资料什么都准备好了，细心体贴的客户经理小 D 还是不忘提醒这些。

我通完了电话，就开始安排开发票的工作。所有资料准备妥当后，寄给了一达通。3 天还没到，退税垫资款就到账了。自此，出口贸易的 3 大环节，通关、收汇、退税，我都亲自走了一遍。哦，不，是通过一达通走了一遍。小 C 收到货后，对货物质量和发货时间都很满意，就把工程后续的订单都交给了我。从此，我也走上了幸福简单的外贸出口之路。当然，在这个道路上，也会有一些困难的经历，比如说，每个商家都会遇到的信用保障问题。别急，我们接着往下说。

8 基于信用保障的服务

信用保障服务，是阿里巴巴国际站2014年12月推出的帮助平台上的供应商向买家提供的跨境贸易安全保障服务：阿里巴巴根据每个供应商在国际站上的基本信息和贸易交易额等其他信息综合评定，并给予一定的信用保障额度，在该信用保障额度范围内为供应商的如约发货和货描一致向买家提供资金的担保。

信用保障服务有三大优势：一是独特专属标识及保障额度全网彰显，让信用看得见；二是通过帮助卖家向买家提供跨境贸易安全保障，使得卖家可以更快达成交易；三是通过不断累积沉淀信用，可以向买家彰显实力，赢得更多订单。信用保障服务让中国供应商的信用第一次展现在世界面前，让全世界的买家可以信任中国供应商，并让原本因为缺乏信任而流失的商机可以转变为实实在在的订单。信用保障服务的推出，让买家收获了信任，让供应商收获了商机和订单，让买卖双方在做外贸时，多了一种传统的T/T或信用证以外的贸易方式——信用保障。信用保障的贸易方式，与T/T相比，多了更多的保障；与信用证相比，更加简单便捷。这可以说是国际贸易在互联网环境中的一大创新。

通过信用保障服务，也使得中国的供应商除了在价格优势、货物品质优势之外，多了另一重优势，即贸易安全保障的优势。相信通过阿里巴巴国际站的信用保障服务，势必可以增强中国外贸在全球外贸的份额，增强中国外贸在全球外贸的话语权。通过信用保障服务，势必可以实现中国外贸的增量发展。

8.1 信用彰显财富

时光荏苒，距我接到第一个外贸出口订单已经过去了几个月。虽然这个外贸出口订单让我尝到了出口贸易的甜头，并且后面几个月，基本上每个月海外客户小 C 都有一个订单过来。但我慢慢也会有些不满足于只有小 C 一个海外客户，既然出口贸易这么好做，为什么不多找几个海外客户呢？可是海外客户怎么找呢？这个问题又让我犯起了愁。上次小 B 给我介绍一达通，效果如此的好，他已经成为了我心目中的外贸达人。这样的问题，我自然选择咨询小 B 了。

我：B 哥，你做外贸出口的网店都是怎么开的？开跨境电商的网店和开淘宝网店一样么？

小 B：老实说，跨境电商的网店和开淘宝网店没有什么太大区别，但是开淘宝店是不能把东西卖到海外去的。像跨境电商的网店，国外的有亚马逊、eBay；国内的有速卖通、阿里巴巴国际站等。前面几个都是 B2C 的网站，像我们这样做一般贸易的，还是首选阿里巴巴国际站。在阿里巴巴国际站，有一类会员叫中国供应商。你缴纳了会员费，并且经过会员的认证审核，就可以成为中国供应商，可以在阿里巴巴网站上发布商品，接受海外买家的询盘。你之前不是已经开通一达通服务了吗？你可以找你在阿里巴巴的客户经理联系下开通中国供应商的会员嘛。

我：是啊，我咋没想到。好的，我这就去联系下。

我：小 D 啊，我想开通下中国供应商的会员。

小 D：哦，好的。请问，您为什么要开通中国供应商会员呢？如果，您还是使用一达通的服务，您不开通中国供应商的会员也是没有关系的。

我：当然是想找更多的海外客户，接更多的外贸出口订单啦。

小 D：哦，这样子啊。那您可以考虑使用阿里巴巴国际站最新推出的信用保障服务。开通此服务的中国供应商，都会有一个信用保障服务的标识，让海外买家可以更加信任您。同时，加入信用保障服务的中国供应商，平台都会给一个基于您基本面及在平台的过往贸易流水综合而来的信用额度。在此额度范围内，买家和卖家约定订单的保障金额，如果出现卖家违约，平台则可以替中国供应商向海外的买家先行垫付相关款项，保证海外买家的首付款安全。这样，即使完全陌生的买家也可以放心和您做生意了。

我：哦，这服务真不错。虽然我是在诚信经营，但是外贸骗子也很多。海外买家不认识我，也不了解我，也就不敢和我做生意啊。现在有了信用保障服务，最起码可以保证买家首付款的安全，也解决了买家对我的信任问题。这么好的服务，收费高不高啊？

小 D：信用保障服务只要您开通了中国供应商会员，是完全免费的。我们信保的信用额度也是基于您历史的交易和信用情况，给到您无论多少的额度都不需要您支付任何的费用。信用保障服务只有一个要求，就是您接的订单必须使用一达通的外贸出口综合服务，也就是海外买家打给您的钱，需要打到您在一达通的专属外汇账户，由一达通转给您，并且您的报关由一达通来帮您操作。一达通的服务您之前已经走了那么多单了，您应该很放心了吧。

我：信用保障服务不收费，那一达通会不会押海外买家的钱呢？我一个订单从接单到发货，虽然时间不长，但也要一两个月，这资金占着我也吃不消啊。

小 D：您放心，信用保障服务不光不收费，而且不押钱。买家付您的钱，一达通在收到钱的 1 个工作日内，就会按您的指示直接结给您。

我：哇，这么好啊。那我该怎么开通信用保障服务呢。

小 D：您要是已经是中国供应商了的话，那很简单，只要上信用保障服务的主页“http：//bao. alibaba. com/”，在线申请并签约开通即可。但您目前还不是中国供应商，没关系，我明天到您公司给您办理开通中国供应商会员手续。

第二天，小 D 如约来到我公司，帮我开通了中国供应商的会员，并且也开通了信用保障服务。这样，我在阿里巴巴的网站上，不仅可以发布商品、接受买家询盘等，还享受到了信用保障服务闪亮亮的专属标志及3万美元的信用额度。在我的这个信用额度内，阿里巴巴一达通可以替我向买家提供信用保障服务。

8.2 基于信用的保障

目前，我的公司开通信用保障服务也有3个月了，以前就小C一个海外客户，现在多了小E、小F等客户；以前我每个月就做一个外贸订单，现在每个月都有3~5个订单做着；以前我就出口到X国，现在Y国、Z国都有销售了。突然觉得做跨境电商也没之前想象的那么难。这天，我的电话铃响了，一看电话号码，是客户经理小D的电话。

小D：您好，不知您最近生意怎么样？

我：还行还行。这样说，是因为我始终保持着中国商人特有的矜持和谦逊，但与小D的交谈中还是会透露出对现在这个经营状况的满意。

小D：那信用保障服务用得还顺利么？

我：哈哈，蛮好蛮好。今天，我可要好好和你说一说。我在阿里巴巴网站的第一个订单就是信用保障服务带来的。有个买家和我说，他注册了阿里巴巴网站好久，之前都没敢下单，看到网站有了信用保障服务，就想下个单，刚好搜到我的产品，而且我还有信用保障服务的标志，立马把单子下给我了。然后我就起草完订单，这个起草订单，就是个线上的格式合同，对我来说没一点障碍，买家信息、商品信息、价格条款、运输方式、报关口岸、目的国等信息轻松搞定。

哦，对了，还有保障的条款。我们约定了发货的时间，那买家还对货物质量有担心，不过，我的货我可自信。再说，信用保障服务指定的BV、TUV、SGS也都是国际排名前三的验货公司，我也相信他们的验货服务质量，反正验货费也是买家自己承担，对我来说完全没一点问题。买家看我合同拟好了，立马就确认了，没过几天首付款的钱就到账了，和以前的 T/T 付款时间上没任何差别，还多了保障的服务。如果出问题，阿里巴巴一达通先行垫付了，还要找我要钱。但我也不担心，我本来就是诚信经营，和买家约定的，总归要做到。

也有碰到买家要了货，也订了合同，最后又说不要了的情况。我们就先线上沟通，最后要走到取消合同了，我还要把钱退给他。我是不知道怎么把钱打到海外的，还好我现在有一达通，我只要把钱打到我在一达通的账号，一达通就帮我把钱退给买家了。这个做外贸退款就和国内网银转账一样简单。

而且，和淘宝一样，我在阿里巴巴网站上每成交一笔订单，都可以让买家给我留评论。你看我网站上那么多的评论，每条都是好评。我相信只要有意向的买家看到这些评论，通常会毫不犹豫给我下单的。

不知不觉，我和阿里巴巴的客户经理小 D 煲了 1 个小时的电话粥，之所以有介绍不完的经历，是因为我是真尝到了信用保障的甜头。

8.3 信用的价值

这天，我又给小 D 打了个电话。

我：有个忙，你看看能否帮我一下？

小 D：您不是信用保障服务用得挺好的吗？您看您现在对这个服务那么熟悉，都要成为我的老师了，有什么忙需要我帮您的呢？

我：你看，我现在总共 7 万的信用额度，总额度也不少了。但就是最近我接的单子有点多，额度有点不够用了。你看你能不能帮我找你们领导反映下情况，多给我一点信用额度？

小 D：原来是这个甜蜜的烦恼啊。不瞒您，其实这个信用额度是我们系统根据您经营能力和资信状况评估出来的。经营能力主要参考的是您最近 6 个月内达成的贸易流水，包括信用保障订单的流水、一达通平台完成的流程及您线下自己走单的流水。您要是有自己走单的流水，您可以提供上来，系统也会给您一个适当的额度。

我：哈哈，我哪有自己走单的流水。你不记得我第一个外贸出口的单子就是找的一达通吗？

小 D：哦，对。看我这记性。您别急，我们信用保障服务的信用额度刷新也很快的，每个月初都会刷一次的。您这个月完成了这么多订单，下个月额度肯定会得到提升的。而且额度是循环利用的，不是说您 7 万的信用额度，您只能做 7 万的订单。您可以告诉您的客户，在收到提单后及早确认收货，这样您冻结的额度就可以释放出来了，然后您又可以接新的订单了。

我：哦，对，我得看看之前那些订单现在是不是可以让买家给我确认了。

小 D：我再提醒一句，您在网站上的违规扣分也会影响到您的信用额度哦。比方说，您在网站发布侵权的商品，就会被扣掉侵犯知识产权的分。如果扣分多的话，您的信用额度就会受到影响了。

我：呵呵，我可是诚信经营，我会干这样的事吗？好了，我先忙了。以后阿里巴巴网站要有什么好的服务，你可要第一时间通知我哦。

小 D：好的，您放心。

我挂了电话，就开始给海外买家发邮件让他们尽早确认收货。即使确认不了也没关系，已经月底了，额度刷新也没几天了。这个月做了那么多订单，下个月会是多少信用额度呢？我已经情不自禁地对下个月的额度产生了期待。